SHUZI XINXI SHIDAI CHENGXIANG SHANGYE QIYE
JINGYING MOSHI CHUANGXIN FAZHAN YANJIU

数字信息时代城乡商业企业
经营模式创新发展研究

—— 牛艳莉 ◎ 著 ——

重庆大学出版社

图书在版编目(CIP)数据

数字信息时代城乡商业企业经营模式创新发展研究/
牛艳莉著. -- 重庆:重庆大学出版社,2023.1
ISBN 978-7-5689-2759-8

Ⅰ.①数… Ⅱ.①牛… Ⅲ.①商业企业—企业管理—
管理模式—研究—中国 Ⅳ.①F721

中国版本图书馆 CIP 数据核字(2021)第 118843 号

数字信息时代城乡商业企业经营模式创新发展研究

牛艳莉 著
策划编辑:范 琪

责任编辑:夏 宇 版式设计:范 琪
责任校对:陈 力 责任印制:张 策

*

重庆大学出版社出版发行
出版人:饶帮华
社址:重庆市沙坪坝区大学城西路 21 号
邮编:401331
电话:(023)88617190 88617185(中小学)
传真:(023)88617186 88617166
网址:http://www.cqup.com.cn
邮箱:fxk@ cqup.com.cn(营销中心)
全国新华书店经销
重庆市国丰印务有限责任公司印刷

*

开本:720mm×960mm 1/16 印张:14.75 字数:192 千
2023 年 1 月第 1 版 2023 年 1 月第 1 次印刷
ISBN 978-7-5689-2759-8 定价:68.00 元

前　言

　　进入 2020 年,移动互联网、云计算、物联网等与现代制造业的结合越发紧密,对电子商务、工业互联网和互联网金融等健康发展的促进作用更为明显,但 2020 年席卷全球的新冠肺炎疫情使得各个层面都面临各方面的挑战和考验。围绕外部环境变化与内部商业企业转型升级要求,寻找数字信息时代企业经营模式改革创新的发展路径,已成为当下企业创新驱动下自身持续发展的一种新常态。

　　城乡商业企业经营模式创新这一理论是为解决中国特殊问题而提出的,是解决特定历史条件下形成的城乡二元体制及其造成的城乡多方面差距问题以及“三农”问题的根本途径。人们对城乡商业企业经营模式的理论和实践有一个认识的过程。城乡商业企业经营作为在较高工业化和城市化阶段上具有指导意义的理念,在数字信息时代背景下其发展面临着对城市和乡村的认识方面的重大理论挑战。

　　随着互联网领域新技术、新模式、新概念的不断出现,新的需求增长点正在形成。毋庸置疑,技术创新对企业发展仍具有根本性促进作用,同时也为商业模式创新提供了十分有利的条件。在数字信息时代背景推动下,商业模式创新对企业发展的重要性更甚于技术创新,只有在商业模式创新的支持下技术创新才得以实现商业价值。如何在数字信息时代背景下开展技术创新和商业模式创新的融合互动,已成为现阶段企业实施创新驱动发展战略,形成和不断夯实产业核心竞争能力必须解决的关键问题。

　　改革开放以来,中国工业化和城市化的本质就是在土地属性"变"或"不变"的情况下,实现城市文明从人口和经济的高密度地区向低密度地区进行扩散与覆盖。对形成于工业化、城市化起步阶段和计划经济体制下的那些原有行动模式和思维模式,是否应在新的历史条件下予以反思和调整,已成为发达地区进入工业化阶段后期所面对的必要且紧迫的课题。在新的时代背景下,城乡商业企业不仅需要加大城乡商贸资源的统筹配置,更要寻找适应数字信息时代发展要求的经营模式,借助数字化信息技术不断成熟并发展。如何使城乡商业企业在数字信息时代下开展技术创新和商业模式创新的融合互动,进而实现城乡商贸的相互融合与双向互动,是这个时代各层次必须正视的问题。

　　本书的出版得到河南省教育厅人文社会科学研究项目"数字经济趋势下河南城乡一体化商业模式创新研究"(2020-ZZJH-273)、河南省2020年民办普通高等学校学科专业建设项目"汽车服务工程"(ZLG201901)的支持。

　　由于编者水平有限,书中难免有疏漏之处,敬请读者批评指正。

郑州经贸学院经济学院　牛艳莉
2022年6月

目 录

第一章　城乡商业企业经营面临的数字信息时代背景

第一节　数字信息时代的关键词

一、什么是数字化

当今时代是信息化时代,而信息的数字化也越来越为研究人员所重视。早在 20 世纪 40 年代,香农证明了采样定理,即在一定条件下用离散的序列可以完全代表一个连续函数。就实质而言,采样定理为数字化技术奠定了重要基础。数字化,即将许多复杂多变的信息转变为可以度量的数字、数据,再以这些数字、数据建立起适当的数字化模型,把它们转变为一系列二进制代码,引入计算机内部,进行统一处理,这就是数字化的基本过程。简而言之,就是将真实世界的各种特征通过数字化过程转到数字世界中,在数字世界中实现现实世界的模拟运转。

2020年以来,受新冠肺炎疫情的影响,不少城乡商业企业经营受阻,与龙头企业相比,在战略认识、数字技能、资金储备等方面的差距,使得城乡商业企业在数字化选择问题上面临的形势更加严峻。2020年6月,国家信息中心信息化和产业发展部与京东数字科技研究院联合发布了《携手跨越重塑增长——中国产业数字化报告2020》(以下简称《报告》),针对数字化转型难题提出了方向。

《报告》结合近年来国内重点行业领域产业数字化典型案例,就如何推动国内产业数字化转型发展,短期突破口选择及发展趋势提出了独到见解,通过数字化实践经验,为中小微企业赋能,有利于形成对上下游相关产业主体的支撑,真正推动数字经济发展。

产业数字化到底是什么?《报告》提出,产业数字化是指在新一代数字科技支撑与引领下,以数据为关键要素,以价值释放为核心,以数据赋能为主线,对产业链上下游全要素数字化升级、转型和再造的过程。

从产业数字化的内涵来看,它包括了六个方面:一是以数字科技为变革生产工具;二是以数据资源为关键生产要素;三是以数字内容重构产品结构;四是以信息网络为市场配置纽带;五是以服务平台为产业生态载体;六是以数字善治为发展机制条件。在产业数字化进程中,以科技为基础,以数据为要素,以价值为中心,以共建为理念,坚持"融合+创新"一体化推进思路,按照因时、因地、因业、因企原则制定产业数字化转型战略,着力推进资源融合、业务融合、市场融合,实现技术创新、模式创新、产品创新。加快推进产业数字化的五大重要着力点,包括数据要素驱动、科技平台支撑、品牌价值赋能、生态融合共生、政府精准施策。

二、信息化时代

在信息化时代背景下,由大机器、大工业和大量人员所从事的大规模流水线生产方式不再是主流,而第三产业即服务性产业的比重将明显增加,信息类等无形产业将成为关键资源,仅靠体力尤其是职业教育或高等教育匮乏的人群将面临失业。就国家层面而言,信息和知识将成为衡量国家与国家贫富的主要标准,尤其是在后工业化时代,拥有信息和知识将使得国家之间的贫富差距进一步加大。根据托夫勒的理论,第三次浪潮的全球化趋势将打破传统意义上的国家主权模式和封闭状态,信息一体化将使国家之间传统的国界概念逐步淡漠。当前的世界正处于新旧时代的交替之中,信息时代已经出现,但工业社会的规模经济还存在,没落的体力劳动和先进的脑力劳动共存。

从宏观方面看,信息时代的若干发展趋势已经成为不可逆转的历史潮流,它正在改变着当今世界的面貌和格局。首先,与发展中国家的工业化过程并行,发达国家正出现以信息技术为主的后工业化扩散周期,这样在全球形成两个周期并行、交叉、重合的局面,由此对社会的产业结构、生产活动方式、全球经济格局、组织结构、管理决策等诸方面引发了深刻而久远的历史性变化。其次,国际性产业结构调整成为全球性趋势,促进了新经济秩序的出现和世界经济发展中心的转移。在这个历史时期,世界经济所呈现的以互相依赖、分工合作、协同发展(当然隐含着更加激烈的竞争)为主要内容的国际经济新秩序,以及由此发生的经济发展中心东移的趋势,应当看作信息时代经济和社会发展的一个动力因素。再次,由于信息和信息技术的巨大作用,政治、经济、文化等各方面的全球化已经成为不可回避的现实和趋势。市场和生产中心的全球化、传播和电讯网的全球化(即信息技术的全球化)、资产的全球化、企业组织全球化以及商业竞争的全球化等必将引起国家之间、企业之间的政治及经济格局的变化。最后,国际社会信息化这一历史趋势,使得国家和人民在政治、经济和文化等各个方面的相互依存更加紧密。伴随着信息技术的冲击,这种全球性依存关系正在影响和改变着国际政治和经济文化关系,并将最终引导历史向未曾预料的方向发展。

三、数字经济

正如美国复合技术联盟主席 D. 塔帕斯科特在 1995 年出版的《数字经济——联网智力时代的承诺和风险》一书中提到的那样,信息技术的数字革命,使得数字经济成为基于人类智力联网的新经济。1998 年 4 月 15 日,美国商务部公布了以《浮现中的数字经济》命名的第一份研究报告,着重分析信息这一核心资源对宏观经济和微观经济的决定性作用。随后,这样的研究报告又按年连续出了多本,这些报告均以分析信息产业、电子商务、网络经济等有关信息经济的发展为内容。数字经济的概念被越来越多的人所接受。数字经济的发展不仅与信息技术尤其是互联网技术的广泛应用密不可分,同时也与传统经济的逐步数字化、网络化、智能化发展分不开。

综上所述,数字经济是人类通过大数据(数字化的知识与信息)的识别—选择—过滤—存储—使用,引导并实现资源的快速优化配置与再生,进而实现经济高质量发展的经济形态。具体来说,数字经济的释义主要体现在两个方面:

释义 1:数字经济指通过不断升级的网络基础设施与智能机等信息工具,互联网—云计算—区块链—物联网等信息技术,使得人类处理大数据的数量、质量和速度的能力不断增强,进而推动人类经济形态由工业经济向信息经济—知识经济—智慧经济形态转化,从而极大地降低社会交易成本,提高资源优化配置效率,提高产品、企业、产业附加值,推动社会生产力快速发展,并为落后国家提供超越性发展可能的技术基础。

数字经济也称智能经济,是工业 4.0 或后工业经济的本质特征,是信息经济—知识经济—智慧经济的核心要素。正是得益于数字经济提供的历史机遇,使得我国在许多领域实现了超越性发展。

释义 2:数字经济是一个经济系统。在这个系统中,数字技术被广泛使用并由此带来了整个经济环境和经济活动的根本变化。数字经济也是一个信息和商务活动都数字化的全新的社会政治和经济系统。企业、消费者和政府之间通过网络进行的交易迅速增长。数字经济主要研究生产、分销和销售都依赖数字技术的商品和服务。数字经济的商业模式之所以运转良好,是因为它创建了一个企业和消费者双赢的环境。

第二节　数字信息化时代的概念及特点

就数字信息时代而言,可以看到这一概念涉及"信息化""数字化""数据化"。从概念的出发点和概念本身的延伸性来看,信息化概念的提出虽然相对较早,但其自身一直处于不断发展的状态。从大的角度来看,信息化主要强调企业(机构)管理流程要规范化、自动化,从而提升企业对各种资源(人力、财务、物资等)的管理能力。信息化既是企业进行资源管理规范化的重要方式,强调计算机在企业管理过程中的重要性,同时也是网络化的基础。

数字化在网络时代得到了更为广泛的应用。数字化早期关注网络交易中的各种资源。互联网的发展促进了数字化的发展,也使得更多的资源能够在互联网上进行整合。从某种程度上来讲,数字化是一种技术手段,是互联网企业快速发展的基础和保证。

数据化在当前的大数据时代得到了广泛的关注,所谓的数据化更偏向于社会资源的数据化过程,大数据的迅猛发展使得数据的价值得到了充分体现,从另一个方面也促进了各种资源的数据化进程,包括物联网的发展,在一定程度上为互联网整合了更多资源。从这个角度来看,数据化更强调数据的价值。简单地说,信息化推动了数字化的发展,而数字化则进一步推动了数据化的发展,在信息化、数字化和数据化的背后,则是互联网和物联网提供的载体保障。

进入 21 世纪以来,人类便步入了数字信息化时代,人们的生活方式、工作方式以及交流方式有了很大的改变。这一切的发展和进步都离不开计算机技术的支持和保障,计算机技术的发展给人们的工作和生活带来了极大的方便,以至于对整个社会的进步也有不小的推动作用。其表现如下:

(1)计算机技术的发展有力地促进了人们传统意义上的学习、日常生活和工作方式的改变,对提高人们的生活水平有着巨大的推动作用。

(2)计算机技术的发展和应用给人们的日常生活带来了极大便利。很多的日常生活都可以借助互联网计算机技术来实现,比如生活缴费、购物、旅游订票等。总之,人们的生活与计算机技术的联系变得越来越紧密。

(3)计算机技术使得工作中的数据处理变得越来越简单和高效,借助计算机技术,繁杂的数据处理工作通过简单的电脑操作即可完成,并且错误率极低。此外通过计算机技术,人们对信息的获取也变得更加方便快捷。

信息化时代的曙光已然来临。如何才能知道我们进入了数字信息化时代? 一般来说,数字信息化具有以下特征:

　　首先,产业结构正在实现制造经济向信息经济的转化,进而引起经济结构的调整和革命。其次,规模经济所带来的传统意义上的经济增长驱动力受限,从信息和信息经济中获得活力成为经济增长的重要路径。再次,在组织结构上由层级化向分子化演变,使非集权化成为当今世界组织结构改革的主导方向,并使企业组织国际化进一步成为趋势。在国家层次上,由于组织结构的分子化过程和国际化组合,民族国家的地位和形式已经开始受到新概念的挑战,在全球开始出现各种类型的区域组合。最后,多目标社会效益和民主参与,正在成为企业和政府的重要价值观念。

　　我们正步入以信息和知识为基础的数字信息化时代,整个社会共享的信息资源成为最主要的资源。在发达国家,工业化提供的财富条件已经使社会将更高阶的关怀推到了前台,人们的文化价值观念正在向更为强调社会资源、知识资源、政治资源以及人力资源的方面转向。

第三节　数字信息化时代城乡商业企业面临的新环境

　　随着信息技术革命的发展,人类社会正在逐步进入数字经济时代,数字化技术已经向社会经济生活全面渗透,并成为经济增长的新动能。我国城乡商业企业为了抢占数字经济时代的制高点,纷纷制订了各种战略以推动经济社会向数字化转型。

面对数字经济发展的浪潮,为了抓住发展的机遇,不少企业纷纷向数字化平台企业转型,甚至很多传统企业不惜放弃核心业务,转向平台型企业,也有不少企业因此而陷入困境,典型的如美国通用电气,在转型失败后,决定卖出其工业互联网平台。面对数字化转型的趋势,传统产业主动与新技术进行融合。然而,很多企业都走入误区:数字化只是手段和工具,而不是目的。

"实体为本,技术为用。"新技术要有效发挥作用,应与实体经济有效结合,否则就背离了市场竞争的本质。过度高估新技术,甚至出现去实体化的趋势,这将导致国家或者地区实体经济空心化风险加剧,给社会稳定与经济发展埋下隐患。

关于什么是数字经济,2016 年 G20 杭州峰会发布的《二十国集团数字经济发展与合作倡议》给出了一个权威的定义。其中指出,数字经济是指以使用数字化的知识和信息作为关键生产要素,以现代信息网络作为重要载体,以信息通信技术的有效使用作为效率提升和经济结构优化的重要推动力的一系列经济活动。G20 杭州峰会对数字经济的界定,得到了业内广泛认同。从该定义中不难发现,数字经济只是发展经济的一种手段和重要推动力,这意味着片面地脱离实体经济推动向数字化转型,是与数字经济的内涵相违背的。

从人类经济社会演进的历史长河中审视数字经济,与传统的农业经济、工业经济相比,数字经济的真正内涵体现在以下四个方面:

第一,算力——主要包括运算速度和存储量。这是数字经济时代区别于农业经济和工业经济最为直观的表征。早在 20 世纪 60 年代,英特尔创始人之一戈登·摩尔就提出了著名的摩尔定律,当价格不变时,集成电路上可容纳的元器件的数目,约每隔 18~24 个月便会增加一倍,性能也将提升一倍。近几年,随着现代信息化技术的发展,尤其是移动互联网、大数据、算法、云计算等的发展,进一步提升了算力,推动了社会经济加快向数字化转型。摩尔定律反映出数字经济算力的提升,有效地提升了经济的运行效率。但应该注意的是,算力作为一种经济手段,并不能脱离具体的实体经济。有效利用数字化技术,向数字化转型是未来的趋势,但应推动实体经济与数字化深度融合。

第二,信力——主要是数字经济时代的安全。农业经济和工业经济时代也存在着经济安全问题,但人类对技术的依赖性不强,经济安全的问题影响范围有限。然而,随着数字经济的高级阶段——人工智能时代的到来,经济对技术的依赖越来越大,经济安全也越来越受到重视。一旦出现经济安全问题,对人类文明的冲击有可能是致命的。人类在过度依赖技术发展的同时,也给自身安全带来了极大的风险。应该谨防技术在发展过程中淘汰人类,成为人类“最后的发明”。比如,埃隆·马斯克就多次发出警告,要关注人工智能发展带来的安全问题,警惕人工智能危害人类文明,甚至会毁灭人类文明。

第三,想象力——数字时代创造出一个全新的虚拟空间,这是数字时代保证人类发展的核心力量。人不仅生活在物理空间,也生活在数字虚拟空间。随着数字经济向着深度和广度发展,虚拟空间将有可能成为人类生活的主要空间。在虚拟空间中,人类的生物感知得以重塑,人的想象力将会得到最大限度的释放,人的创造力也得以增强。在物理空间中,人的幻想与希望、享受与痛苦难免要与他人发生不同程度的交流,能否找到认同取决于交流的对象。在虚拟空间中,人的活动则更多的是与自己对话,从而更加有利于认识自己,获得认同。人在真实世界中通过劳动创造财富,而在数字空间中通过创造数据与算力创造财富。因此,在推动实体经济传统产业向数字化转型的过程中,通过模式创新、业态创新等手段,有效激发人在虚拟空间中的想象力显得尤为关键。

第四,管理力——数字经济时代的算力、信力和想象力,能否得到有效发挥,从而服务于高质量的经济增长和高品质的人类生活,重点在于管理力。需要注意的是,这里的管理力与平常所说的管理能力不同。数字时代的管理力指的是算力、信力和想象力三个要素的系统应用,数字世界价值的存储、输入、输出以及各种运算,将是未来数字世界的高级核心竞争力,甚至是虚拟的"国界线"。管理力的重要体现,是如何有效连接物理空间和虚拟空间,如何让个人既能够认知世界,又能够寻找到广泛认同,并创造和实现价值。

在这一新环境下,我国各类城乡商业企业也面临着新的挑战和亟待解决的问题:

第一,数字时代的国家竞争。从人类几千年的历史来看,大国之间的竞争都是围绕着争夺物理空间与资源而展开的角逐。新开辟的物理空间会引起新一轮的大国争霸,由此会改变全球地缘政治格局和大国之间的地位。数字时代创造虚拟空间,拓展了人类社会的空间层面。大国之间的竞争将会从物理空间转移到数字空间。物理空间是有限的,数字空间是无限的。数字空间层面的拓展,犹如当年发现新大陆,改变了全球力量的对比。数字空间的争夺必将会引起各方力量的改变,重塑当前世界的政治经济格局。数字空间的发展对各国来说都是风险与机遇并存。

第二,数字时代的法律。现有的社会法律体系是建立在物理空间层面的,处理的是社会活动中人与人之间产生的权利义务的分配关系。数字空间的出现,产生新的法律关系主体,这会给现有的法律体系带来极大的挑战。这种挑战是向各个领域和产业全面渗透的,这决定了短时间内不可能制定出数字时代的各种法律。因此,应重点研究数字时代的特征,循序渐进地推动法律体系的调整与变革,厘清哪些法律规则可沿用,哪些法律规则需要做出局部调整,哪些法律需要全面修订。

第三,数字时代的治理。应秉持创新、公平和公正的原则,推动形成多元化主体协同治理机制,形成政府统筹、平台自治、第三方协调、公众参与的多方共治新格局;应推动政府治理模式的变革,建设服务型政府,改革体制机制,创新制度供给,完善数字基础设施,推动数字经济技术的创新,加强对数字平台的治理;应推动数字化技术在治理中的应用,提升政府治理水平,推动政府治理现代化,实现数字经济时代治理的社会化、法治化、智能化、专业化。

第四,数字时代的伦理。当前数字经济已进入人工智能时代,虽然人工智能的应用前景广阔,极大地改善了人类的福祉,但虚拟空间的出现,模糊了物理现实、数字和个人之间的界限,带来了较为严重的伦理问题,受到了社会各界的广泛关注。国际上对人工智能的伦理问题展开了积极探索,我国在人工智能伦理的原则和规制方面相对比较滞后,主要关注人工智能带来的经济和社会效益。只有有效解决人工智能发展带来的伦理问题,才能规避发展人工智能的风险,推动经济和社会发展,提升人类的生活水平。解决人工智能伦理问题,应从设计上确保人工智能本质上是公正、公平、透明和负责任的,避免算法歧视与偏见;应切入人类的价值观,建立道德的人工智能,以避免人工智能损害人类利益,挑战人类文明;应切实地与公众加强沟通,告知人工智能的主要风险以及带来的好处;应建立有效衡量人工智能自主系统的福祉指标,衡量对人类福祉带来的具体影响,不仅关注经济利益,还应关注给人类心理或者环境、健康等方面所带来的综合影响;政府应对人工智能技术和相关企业进行监管,确保人工智能技术使用中的安全。

第二章　新时代下城乡商业企业经营的新机遇、新思路

第一节　城乡商业企业经营的主要思路和主要问题

　　现阶段提出城乡商业企业经营的要求,其目的是充分应用社会主义全国统一、公平竞争、规范有序的市场体系力量,使城乡力量互动、优势互补,逐步消除城乡二元经济的格局,实现城乡共同繁荣、共同进步。

　　城乡关系是社会关系中内容最广泛、意义最深刻的一种综合关系,它是社会协调发展、政治稳定、经济繁荣的主要标志。在我国具体国情

下,它最为重要,任何损害农民利益和农村发展的行为,都必然损害全局。因此,实现城乡商业企业经营,就必须动员全社会的力量,致力于农村经济的发展,并用农民乐意接受的商业形式,帮助其实现利益追求。但是,我们在相当一段时期中,忽略了农民的经济利益,在处理城乡关系时,把经济利益放到了次要地位,使工农联盟的经济基础削弱。在现阶段,就是要在市场关系中以平等的市场主体取得对等的市场利益。

因此,把城乡关系立于经济关系的基点上来把握,运用市场力量和市场机制,使其能享受到统一开放的市场利益,是当前实现城乡商业企业经营的重要思路。它是改变由行政强制分割城乡利益关系,实现城乡关系新格局的主要方式。然而,在现实生活中,我们常常受既有力量和既得利益的限制,在分析视角上总是就城市论城市,就城市发展论城市发展,就农村论农村,就农村发展论农村发展。这种封闭的思维方式与社会主义市场经济体制的要求格格不入,因而在实施中就不能启动城市与农村的力量互动。在某些情况下甚至还相互排斥,造成有限力量的抵消和使用上的浪费。

根据市场经济的要求,推动城乡商业企业经营在思维方式上就应该来一个根本转变,即以开放的观念来对待城乡关系,利用统一市场的力量和机制建设城市、建设农村,实现城乡互动;以城市发展带动农村经济发展,再以农村经济和市场的开拓推动城市建设发展。在这种情况下,各自在处理自身发展利益的时候,都必须以促进对方的发展为条件,而不是以牺牲对方的发展为条件,使各自的定位达到可持续发展的要求。

实施乡村振兴战略,加快走城乡一体化融合发展道路,是中央在新时期提出的新要求,也是全面推动我国经济高质量发展的内在需求。在中央的战略部署下,城乡流通一体化也必然是一项重大工程。同时,国家一直以来都坚持走新型城市化发展道路,而新型城市化是以城乡统筹、城乡一体、产业互动、和谐发展等为基本特征的城市化,而不是单单依靠城市规模扩张来实现城市化。商业是城市的重要功能业态,商贸流通的发展是城市功能提升的重要力量。城乡经济一体化是当前处理城乡关系的重要脉络方向。从理论研究角度探索城乡经济一体化,对新时期统筹城乡流通体系和加速城市化进程等具有重要意义。

任何城市当其辐射的农村经济得到发展时,其自身的发展就取得了坚实的基础。否则,这个城市就是一个孤岛,失去自我发展的活力和动力。任何企业也是如此,当其产品能持续地为农村消费主体所接纳时,其生命周期就能延续不断。必须明白,我们的开放政策是国内开放政策,是城乡通开的政策,是消除各地封锁分割的政策。开放的利益属于城乡劳动者,属于全局。

从现实考虑,我国农村市场自改革开放以来,虽有较大发展,但发展极不平衡,层次很低。除少数经济发达地区外,大部分农村仍停留在原始的集市贸易阶段,步入市场的组织化程度低,在市场竞争中处于不利地位,利益的实现受到阻碍。同时,由于对农村消费者的需求及其潜力没有足够的重视,在认识上对农村相对独立的消费需求和利益选择忽略,对农村市场的开发引导不力等原因,城市与农村在市场关系中的不对等、不公正状况仍没有根本性改变。大集团的、社会化生产的工业品,与分散的、手工操作生产的农产品的市场竞争,不可能得到利益兼顾的解决,农村积累流向城市的大格局没有改变。城乡一体化发展趋势受阻,主要表现为城乡商贸流通不畅。就当前我国城乡一体化现状而言,主要呈现以下特征:

(1)基础设施建设全面开展。城乡一体化的重要表现就是基础设施建设的不断完善。基础设施建设需要人力、物力、财力作为支撑,无形中增加了大量的就业岗位,从而活跃了市场、刺激了经济发展。据国家发展改革委披露的信息,2019 年我国城乡一体化发展中基础设施建设的投资规模占全国基础设施建设投资总额的 1/3,这意味着我国城乡一体化建设速度明显加快。

(2)就业环境得到改善。受区域经济发展不均的影响,我国农村地区由于无法提供足够的工作岗位,以及生活成本的增加,导致大量农村劳动力外流,从而使得农村新生劳动力呈负增长,这进一步加剧了城市与农村之间的经济差距。而随着我国城乡一体化工作的开展,在城市新增就业人数保持平稳的同时,我国农村劳动力流失现象不断好转,尤其是在 2010 年之后,我国农村新增就业人数持续增加,这主要得益于城乡一体化带来的大量就业岗位。

(3)消费结构的优化。随着我国城市居民收入水平的不断提高,消费结构发生了较为明显的变化,其中生活必需品所占消费的比重由 2008 年的 47% 下降至 2018 年的 21%,娱乐、健康等消费占比则由 2008 年的 15% 增加至 2018 年的 49%。在全面推进城乡一体化建设之前,我国农村居民生活必需品消费所占比重较高。而在城乡一体化建设过程中,我国农村居民消费结构更加合理,生活必需品所占消费比重逐年下降,城市与农村居民消费结构间的差异日益减小。尽管城乡一体化的推进解决了长期存在的城乡地区经济发展不平衡的问题,同时也打破了二元制带来的各种不利影响,但是作为一项系统性工程,城乡一体化建设需要综合考虑多方面利弊。但毋庸置疑的是,城乡一体化是破解当前城乡商业企业发展融合的重要思路。

已有的研究成果表明,我国农业为工业化提供的资金积累,在其发展的一定时期内是一种必然的选择。但当工业建立起比较完整的体系后,必须及时反哺农业,并逐步加大对农业的支持力度和深度,这不是单纯的补偿,而是全局的发展和利益的要求。党的十一届三中全会以来,国家数次较大幅度地提高粮食等农产品的价格,并在某些方面相应地建立了保障体系。但这种提高与保护是有限的,它与通过农用生产资料价格的提高、税收和农村储蓄存款流失等经济手段,迫使农业为工业发展做贡献相比,仍然是一个负数,其负值还有所增加。

换个角度讲,把农业和农村工作搞好了,农民得到了实惠,稳住了农村这个大局,就有了把握全局的主动权。农业和农村经济的发展是我国经济发展新的增长点,是推动全局前进的大轮子。面对全球经济倒退的冲击和经济全球化的挑战,我国应进一步加强农业,繁荣农村经济,提高农村消费能力,这有利于扩大内需,保持国民经济持续增长的发展势头,增强我国在国际市场中的话语权,增加与各国合作和竞争的能力,这也是做好国内循环的重要内容。努力开拓国内市场特别是农村市场,是我国经济发展的基本立足点,更是构建双循环格局的题中要义。

第二节　城乡互通互动全面发展的支持体系

要消除城乡差别,纠正城乡失衡,不仅要淘汰不合理的制度,解决制度不公和失当的问题,也要进行制度创新,解决制度无力和失效的问题。只有公正有效的制度才能为城乡协调发展提供根本性的保障。从目前来看,首要的任务就是必须消除城乡之间在居住、就业、社保、教育、医疗、税收、财政和金融等方面不公平和二元化的政策和制度,实现政策的统一和制度的公平。必须进一步深化户籍制度改革,完善流动人口管理,引导农村富余劳动力平稳有序转移;逐步统一城乡劳动力市场,加强引导和管理,形成城乡劳动者平等就业的制度;加快城镇化进程,在城市有稳定职业和住所的农业人口,可在就业地或居住地按规定登记户籍,并依法享有本地居民应有的权利,承担应尽的义务;推行城乡商业企业经营的社会保障制度,加快农村最低生活保障制度的建设;破除城乡贸易壁垒,协调构建城乡供应链一体化和城乡商贸流通业态一体化,最终实现数字信息背景下城乡商贸流通一体化;实施税收制度改革,取消各种不合理税费;改进个人所得税,实行综合和分类相结合的个人所得税制,创造条件逐步实现城乡税制统一;实施城镇建设税费改革,条件具备时对不动产开征统一规范的物业税,相应取消其他有关收费;改革农地征用制度,完善征地程序,严格界定公益性和经营性建设用地,及时给予农民合理补偿;推进财政管理体制改革,建立和健全公共财政体制,实现城乡公共财政投入的公平分配。通过改革,消除造成城乡隔离、阻碍城乡融合的制度性障碍,实现城乡之间资金、技术、物资、人才、信息、劳动力等生产要素的自由流动,最大限度地发挥市场在资源配置中的基础性作用,为统一开放、竞争有序的现代市场体系的形成奠定基础。增加各级财政对农业和农村的投入,特别是增加国家对农村教育、卫生、文化等公共事业的支出,实现城乡协调发展,对农民"多予、少取",激活农民消费活力,振兴农村经济。

在具体的实现路径上,微观层面上要通过农民市民化、农业工业化、农村城市(镇)化"三化"来完成城乡生产方式商业企业经营、生活方式商业企业经营、市场体系商业企业经营,"三化"中农民市民化是根本;宏观层面上要通过国家逐步改变对城乡的二元宏观政策,实现城乡平等的商业企业经营宏观管理。只有这样,才能使市场经济体制的"组成要件"

走向城乡商业企业经营,一个统一的社会主义市场经济体制才能最终建立和完善。

所谓"城乡结合",即我国农村人口城市化过程,既不能仅仅是将非农化的乡村就地转移,也不能是全部依赖城市来吸收的异地转移,而应从城乡两方面共同努力,把"离土不离乡"与"离土又离乡"结合起来。在条件成熟时,将"离土不离乡"的人口转化为"离土又离乡""进厂又进城"。"上下结合"是指在城市建设投资上,把自上而下的国家投资与自下而上的地方投资、集体投资、外资和个人投资等结合起来。"大中小结合"是指在城市规模等级上,要发挥各级城市对产业和人口的集聚作用,不能把发展大中城市和发展小城镇对立起来。

城市化的基本动力和作用机制是市场化机制,即通过市场的引导,通过产业的积聚和扩散功能来实现。在上述各项制度改革的基础上,各级政府要进行科学规划和加强引导,把城市化的立足点建立在国民经济结构和农业产业结构的调整和升级、农村剩余劳动力的有效转移上。

随着城市化进程的推进,政府管理面临着挑战,转变管理模式成为城市化能否得以顺利推进的关键。在推进城市化进程中,要建立和完善政府对城市化进程的管理模式。在大力推进城市化进程中,伴随农民迁徙而来的"城市人"行为的二元性,也是现阶段城市本身的二元性,它使城市事务具有工业社会和农业社会的混合特征。社会出现分化,新的矛盾和冲突随之产生。面对城市化进程中政府事务的新内容和新特点,既不能简单沿用农业社会的传统管理手段,也不能搬用以现代城市为特征的工业数字化管理模式。

为适应城市化进程中社会关系的新格局,有序推进城市化建设,政府需要探索一种适合转型期特点的管理模式,即通过转变政府行政职能,调整行政决策、管理方式及各项规章制度来适应数字信息时代下的新变化和新特点;同时,需要形成非科学化的"伦理管理"模式,即以伦理关系为基础,注重对"非正式组织"的管理,用伦理的价值管理手段协调城市化过程中的特殊事务,进而形成"科学管理"和非科学的"伦理管理"的二元模式。

一方面,城市化是传统与现代的纽带,在这个过程中,必须用科学管理模式解决城市化进程中的城乡二元冲突。另一方面,城市化是逐步从传统向现代的转换,城市事务中大量的问题是与农业社会共生的问题,对此,政府管理存在着"控制盲区"。因此,有必要用非科学的伦理管理模式协调和处理"非正式组织"中的矛盾,理顺转型期城市内部的利益结构和关系。逐步改变城乡二元经济结构是提高农民收入、协调社会发展、实现人的全面发展和社会全面进步的重大举措,具有深远的历史意义。

逐步改变城乡二元经济结构是提高农民收入的根本性措施。只有逐步改变城乡二元经济结构,才能实现社会的协调发展。今后,只有根据城乡经济社会发展的要求进行统筹,才能明确财政体制和投融资体制的改革方向,使较多的资金投向农村教育、卫生、生态环境保护等领域,使城乡居民的教育和医疗保健更为平等,经济社会发展的基础更为牢固。逐步改变城乡二元经济结构有利于人民物质文化生活的不断改善,有利于社会主义物质文明、政治文明和精神文明的协调发展,有利于社会经济与生态环境之间的协调发展,以及人与自然之间的和谐发展,实现人的全面发展和社会的全面进步。消除城乡分割,生产要素流动变得顺畅,这样有利于城乡企业的资产重组,从而可以按照可持续发展的要求来关闭、合并对环境造成严重污染的企业。只有统筹城乡经济发展,改变二元经济结构,才能实现全面建成小康社会的目标。

第三节 城乡商业企业经营进程中
数字化创新的需求

　　现阶段我国总体上已进入构建城乡商业企业经营一体化的新时期，如何应对新形势和新挑战，探索适应和推动城乡商业企业经营发展的数字化转变是当前的一项紧迫任务。历史告诉我们，任何一种数字化转变，必须充分考虑当时社会经济发展的实际。现阶段的数字化研究必须以当前的社会发展大背景为依托，客观地分析国情，理性审视当前数字化的背景特点，针对我国城乡商业企业经营发展和社会转型的客观要求较为系统地提出数字化转变创新策略。

　　进入 21 世纪，我国社会关系由简单化、两极化向复杂化、多极化转变，社会结构由同质化、静态化向异质化、动态化转变，全国范围内正经历着空前的城乡商业企业经营的深刻社会变革。在城乡社会的急剧变迁和社会结构迅速转化中，我们清醒地认识到城乡商业企业经营是一个复杂、艰巨、渐进的发展过程，加之各地区发展的不平衡性决定了城乡商业企业经营必然引发大量新的社会矛盾。在推进城乡社会均衡、协调发展的过程中，这些新的"风险因素"会在疏于防范、处理不当、应对不科学的情况下诱发社会危机，威胁公共安全。这意味着我们不能再用传统的数字化转变去应对当前城乡商业企业经营因社会结构转型所带来的"多梯度性"的社会问题。在复杂的社会形态下,必须改革创新数字化转变。因而,对梯度化的城乡社会结构转型所带来的多元、多类型的社会问题要重新认识,深入探讨数字化规律,通过数字化转变创新将弹性管理与柔性管理有机结合起来,调动社会各方力量,相互合作,协调行动,将各种社会矛盾与危机化解在萌芽状态,破解城乡社会商业企业经营发展的不和谐因素,保持城乡社会的动态稳定。

一、数字化进程中新的问题骤增

纵观当代中国,从后工业社会的城市发展,到社会主义新农村的建设,我国正处在一个梯度社会转型与梯度城乡商业企业经营整合的社会变迁之中。这种特殊的社会背景使得现阶段我国社会呈现出双重性和复杂性的鲜明特点。具体来说,社会优化与社会弊病并生、社会进步与社会代价共存、社会协调与社会失衡同在、充满希望与饱含痛苦相伴。在数字化进程中这种双重性和复杂性带来的后果就是新问题的出现,而且很多问题无应对经验可谈。

第一,随着市场经济的发展和经济形式的多样化以及经济收入差距的拉大,社会利益迅速分化。利益分配方式缺乏稳定性、持久性,新的利益分配方式不断产生,催生了许多新的利益群体。新生的利益群体为了实现自身利益的最大化就会频繁发生矛盾和摩擦,使社会利益结构日趋复杂。第二,城乡商业企业经营推动的社会转型即是社会利益再分配的过程。社会转型的全民性、广泛性、复杂性使不同群体和个人的利益面临再次分配,利益分配方式的改变导致原社会利益分配方式下的利益更加零碎化和多样化。

在数字信息时代下,这种社会阶层分化加剧,产生大量边缘群体。社会利益分化既塑造了诸多社会利益群体,又导致不同利益群体之间社会地位的差异。利益群体分化所造成的利益不平衡性和差异性使利益群体出现多元性、多变性以及不合理性的特征,群体结构变得复杂,社会的异质性增加。同时,城乡社会变革、经济体制改革、产业结构调整等巨大的政治、经济和社会的变迁都成为打破"阶层边界"的动力。现实中,由于城乡差距、贫富差距、地区差距的存在,我国社会阶层结构中已然形成了广大的边缘群体,这些边缘群体的存在已经成为数字化安全的隐患。

由于城乡社会转型、社会利益分配方式的调整,导致市场主体、利益主体多元并存。在市场经济条件下,多元利益主体的权利和利益意识被不断唤醒和强化。在社会资源有限的前提下,由于社会利益分配机制不完善,导致多元化的利益主体为了达到自身利益的最大化,彼此之间不可避免地发生冲突和矛盾。此外,在统筹城乡发展的过程中,随着政治体制改革的深入,国家与社会、单位与个人、个人与个人之间的社会关系开始全面重构,部分社会成员在发展中面临的个体风险加大,个体利益受损的可能性增强。而社会保障体制相对滞后,正常的利益诉求表达渠道不畅通,毫无疑问会增加社会成员的不安全感,这种不安全感的增加将使社会成员对现有价值判断标准产生怀疑和动摇,无疑也增加了社会冲突发生的风险。

数字信息的全球化使得文化心理冲突有所上升。城乡商业企业经营转型期,我国社会的利益分化、冲突造成了整个社会的共同文化被分化和削弱;随着人员流动加剧和新兴利益群体、阶层的不断出现,文化心理冲突逐渐凸显。在城市,主要表现为大量生活在城市中的农民工基于乡村文化的特殊背景,其认知方式、思维模式、价值观念、情感状态、处世态度、生活方式等深层心理结构与城市原居民存在很大差异,在生活和社会交际中不可避免地会产生分歧、碰撞及冲突。在农村,农民心理上所依赖的是农村传统道德文化信仰,而随着城乡商业企业经营的发展,契约文化、商业理念的逐渐深入,这种原本坚固的信仰体系出现了危机,开始慢慢瓦解,其主要原因是农村道德文化体系与城市社区的契约文化体系格格不入。信仰的危机使农民陷入了心理困境。

当前的社会形态较之改革开放初期已经发生了巨大的变化,数字化转变也应随之发生战略性转变。但是,在当前城乡社会结构性变迁与社会全面转型的处境下,旧有的社会规范与约束机制的作用已大为降低,新的社会规范与约束机制尚未确立,或者说还处于初创阶段,这一时期的数字化转变必然表现出不可避免的缺陷与失效。改革开放初期,我国政府数字化转变缺乏规范性和系统性。政府在社会问题产生后,运用强制性的行政权力调控社会行为,维护社会秩序,填补管理漏洞,对某些"久治不愈"的管理顽症会在短期内最大限度地动员权力资源集中清理整顿。这种缺乏规范性和系统性的管理方式没有充分考虑到市场的信息结构和社会的机会成本,造成数字化转变的总体无效率。随着社会转型和现代化发展,民众的社会需求发生了重大的变化,"人民要求政府的社会规制具有可预期性、透明性和回应性;人民要求提供系统性、制度性的公共服务,而不是临时性、非经常性、非规范性、运动性的公共服务"。

二、数字化转变创新策略

社会发展与社会稳定的世界历史经验证明:数字化转变从来没有统一的标准,它是特定经济社会发展阶段和特定文化背景下的产物,是科技水平发展到一定程度的必然要求,是数字化实践创新的最终表现形式。当前的数字化转变研究关注点要么集中在国家宏观政策、法规等正式制度层面上,要么集中在数字化相关技术在企业某一方面运营的探索上,面对社会自我管理及非正式制度约束作用方面关注不够,面临城乡商业企业经营深入发展所带来的社会转型与变迁问题,我们要综合考量正式制度因素与非正式制度因素在数字化实践中所发挥的积极作用,遵循社会选择理论,承认社会成员价值偏好、社会资源条件和机遇等方面存在差异的前提,建构以开放、动态、发展、多样、民主、平等、心理引导和间接控制为原则的弹性与柔性相结合的数字化转变,从而适应数字信息时代环境发展的需求。具体来讲,数字化转变创新策略主要从以下几个方面入手。

(一)树立人本、服务理念

在数字信息时代,除技术助力为企业实现转型的创新动力外,还应注重科学理性与人文精神的和谐互补,进而构成工业文明的精神内核,为社会发展提供最根本的动力,也为人际社交提供最强大的道德支撑。为此,在全力推进我国城乡商业企业经营进程中,必须在坚持民主、法治的基础上,强化人文关怀理念,科学理性地为社会转型过程中的功能发挥提供道德支持。在新的历史条件下,面对梯度化的城乡社会结构转型所带来的多元、多类型的社会问题,数字化要实现管理理念的转变,从"管理"向"治理"转变,从"管理"向"服务"转变,以人为中心,积极回应社会需求和民众诉求,以满足人的需要和增进人的幸福感作为数字化创新驱动的根本理念和最终落脚点,保证符合我国城乡企业的实际需求特点。

(二)管理方式差异化

良好的数字化进程转变必然是社会多元主体共同参与、明确领导、协同配合的弹性管理方式。政府依赖行政手段进行管、控、压、罚的"硬性"管理方式能够产生立竿见影的效果,却无法照顾到社会中的特殊群体的特殊需求。面对我国多梯度差异化的城乡关系变迁所形成的特有社会矛盾问题,原来以简单、直接与物质损利管控为主的硬性管理方式已经不能完全满足社会发展的需要,而以深入、间接与精神心理引导为主的弹性、灵活的数字化方式必然成为政府硬性管理方式的有益补充,也必将成为未来政府管理范式转变的主要方向。现实要求政府的数字化转型要在承认个性化、差异化的基础上,通过沟通、对话、谈判、协商、让步等灵活方式整合多元的社会利益,最终形成各方都必须遵守的社会契约。实践中,非政府组织以其灵活性、高效性、精准性、积聚性、内在动力性等组织优势在不同层面以各种灵活的方式回应社会公共需求或提供准公共物品。大力发展非政府组织有助于改变硬性管理方式的种种弊端,从而提高数字化"回应性"和"有效性"。

(三)管理手段多样化

面对社会利益多元分化,数字化主体必然要采用差异化的管理方式,综合运用各种手段进行数字化。在当前城乡商业企业经营发展进程中,在利益表达与协调机制方面,农民及城市中的弱势群体普遍面临着利益表达组织缺位、利益表达权利意识缺乏、利益表达渠道不畅等问题,此时的数字化仍然采用单一的刚性行政手段,城乡弱势群体的利益将面临极大的风险。这种情形与消除二元社会结构、建设和谐社会的总体要求是相悖的。因此,在数字化过程中要更多地运用服务性手段,尽最大可能保护各方利益主体的合法权益。特别是弱势群体的合法权益需要给予重点关注和保护,尽可能选择对公民权益影响最小的方式和手段进行数字化,更多地运用法律规范、经济调节、道德约束、心理疏导、舆论引导等柔性手段,充分发挥党的政治优势开展群众工作来规范社会行为,调节利益关系,化解社会矛盾。

(四)强化非政府组织数字化主体的作用

改革开放以来的利益分化塑造了诸多社会利益群体,利益群体的利益不平衡性和差异性分化使得社会矛盾尖锐,群体结构复杂,社会异质性增加,加之城乡商业企业经营的梯度发展,我国从一个二元结构社会转变为一个多样化社会。面对多样化的社会,为了实现效能、效率、回应性和责任的要求,数字化必然走向网络化。网络化管理的实质是三大行为主体,即政府、市场组织和非政府组织在三个层面互动的过程,三者分别采用管控、经营和自治的方式动员政治、经济和社会资本等资源和力量,形成一个立体化的管理体系,对社会进行全方位的管理。当前城乡社会变迁伴生着个体发展风险、贫富分化、弱势群体、边缘群体、阶层冲突等诸多社会问题,在处理这些具有时代特征的社会底层问题过程中,急需提升非政府组织数字化主体的地位。非政府组织发自民间,源于基层,与政府、市场组织相比具有独特的优势——高效、灵活、创新、贴近基层。这些优势在满足社会需求方面体现了数字化的本质要求——效能、效率、回应性和责任。因此,在数字化主体多元化发展方面要重点培育非政府组织,因为非政府组织必然成为民众参与数字化的有效组织载体。

(五)解构二元经济结构,积极推进城乡一体化

长期以来,出于历史的原因,我国呈现明显的二元经济体制,城乡市场购买力、市场规模存在差异,城乡市场主体不对等,城乡市场体系不对接,从而造成了城乡市场环境分割。这种市场分割,使得城乡之间购买力不平衡,影响流通组织的双向对接,也制约着我国城乡商贸流通的统筹发展。借助数据信息时代的优势,以数据为手段和契机,消除二元经济结构对现代化发展的影响,积极推进城乡一体化,消除城乡市场分割,统筹城乡商贸流通,努力实现城乡物流一体化、商流一体化和信息一体化,缩小城乡发展差距和推动城乡协调发展,这是我国现代化发展中的迫切要求。

第三章　数字信息时代的城乡商业企业经营创新之道

第一节　商业企业创新的三个层次

一、数字信息时代的商业企业创新之道

数字信息时代,商业企业的创新分为三个层次:

第一个层次是微创新。微创新停留在技术、产品层面,这个层面的竞争较为聚集,商业企业凭借微创新胜出的可能性很小。

第二个层次是蓝海式创新。蓝海式创新属于市场、营销层面,这个

层面竞争激烈,如果努力寻找市场空间,会有一定的机会。

第三个层次是颠覆式创新。颠覆式创新属于商业模式顶层战略层面,这个层面需要的资源和要素非常复杂,操作难度大,但同时胜出的可能性也很大。

二、商业模式颠覆式创新

所谓商业模式,是指企业与企业之间、企业的部门之间,乃至与顾客之间、与渠道之间都存在各种各样的交易关系和联结方式。数字化科技及信息的广泛运用以及资本的大力推动使得产品更新速度加快,获得资源更便捷,整合能力更强,但商业企业的生命周期更短,商业模式也呈现出新的特征。

城乡商业企业创新颠覆了过去所有的传统方式,很多颠覆式创新的商业企业根本没想把传统的产品当作竞争对手,也不会遵循传统的竞争规则,它们不会针对高端顾客群提供高档的产品或服务,也不会为精打细算的顾客创造功能多样且成熟的产品,这些通过数字化颠覆式创新的商业企业只是通过更先进的载体找到全新的市场,并且以最快的速度抓住大量的粉丝顾客,而那些传统的商业企业只是受到了"无辜"伤害。这就是对商业模式的全新颠覆。

因此,很多商业企业反馈,在数字信息时代的背景下,他们对商业模式的创新和战略转型的理解突然间都变成错误的了,更可怕的是,颠覆式创新的商业企业成功的速度也前所未有,只要它们冲击市场,其他传统商业企业就没有时间从战略角度做出回应。过去,一家企业创新要花上 5~10 年的时间来获得成功,并且技术和产品都是它们构建的壁垒,而今天商业企业创新需要花费的时间大幅减少,成功的速度也始料未及。

在数字信息时代,很多创新都是从外部进入,比如在移动终端下载一个 App 就颠覆了出租车行业,数字化的金融颠覆了传统的银行业等。

商业管理界公认的"竞争战略之父",哈佛大学商学院著名教授麦克尔·波特提出了著名的战略理论:总成本领先战略、差异化战略、目标集聚战略。他认为商业企业只要采取三种战略中的一种就可以成为同行业中的佼佼者,而事实是,数字信息时代的颠覆式创新商业企业,以上三种都能做到,且可以使得产品价格更低、品质更好、服务更优。

比如,谷歌地图颠覆了导航仪市场,不需要消费者花一分钱,便可享受更便捷的导航服务。又如,通过智能手机我们就可以选择一家味道不错的餐厅,避免了之前通过花费金钱和时间试吃才能得到的结果,因为数字化可以把所有之前在这家餐厅吃过的食客的反馈及时告知你,你可以随时查阅食客们的消费意见。餐厅自己并没有去控制颠覆,颠覆来自外部。

《大爆炸式创新》中描述了新一轮的创新潮流的特点,可以用"三大要素"和"六大范式"来解读。

(一)三大要素

(1)充足的科技研发储备。

(2)对市场有深刻理解的创业者将科技产品化、全球化与社会化的生产。

(3)市场营销推广能力。

(二)六大范式

1. 创新的核心是应用而不是基础研发

比如 iPhone,涉及的很多基础研发并不是苹果公司做的,苹果公司只是基础研发的使用者,但是它更了解用户需求所在,在利用最先进的科技支持方面,它是运用得最好的。

2. 群体加速的创新

创新不是以一个人或一个集团为核心来完成全部的工作,而是互相配合、相互加速。创新的生态环境是开放式的网络结构。像手机行业的发展,不仅是 iPhone 促进了行业的发展,还有三星、小米等公司也是这样,大家一起加速了行业的创新。

3. 创新以小单位的外部合作为基础

创新不再像以前一样在一家大公司里实现,而是通过产业链协调来实现。其中的规律是:很多的机构之间呈松耦合的关系,但它们之间的合作是紧耦合的状态,利用网上合作平台实现像一个大集体一样紧密合作。国外的一些软件公司就致力于帮助小公司之间达成合作,使得小公司强强联手完成复杂的创新活动。

4. 创新主体之间有完善的分工协调

商业企业协作分工就像大脑,其中的各个部分有清晰的分工,合在一起通过协调完成整体的工作。这就要求每家小机构都有独特的创新之处,比如甲是产品研发专家,乙是原型设计专家,丙是生产集成效率专家……所有的这些小机构在一起合作就可以产生一个特别好的、以前只能在大公司生产的革命性创新产品。

5. 消费者与研发、生产、渠道是混合的

在新的创新模式中,生产产品不仅是生产者的事情,消费者的消费意见也参与进来。一个消费者的意见往往会使生产与产品有很大的改进,消费者与生产者不再是对立的,而是相互协调的。

6. 从产业链的关键环节到产业网的核心节点

以前做产业,一定要讲产业链控制,比如谷歌、微软,强调要把核心环节控制住。现在是网络型的创新,它的关键是从对产业链的核心环节控制转变为对创新核心节点的控制。国际最新的学术观点认为,创新的核心是博采众长。因此,谁是创新网络的核心节点,谁就能借鉴各家所

长,不断有创意出来。要在社会化创新中取得优势,就要靠近核心节点。你离核心节点越近,离创新就越近,你的未来就越辉煌。

当然,这个远近与之前有本质的区别,之前的远近是指物理的距离。大家知道,硅谷是创业者的乐园,那里的思想更激荡,那里有更多的创新节点。有了数字化以后,物理距离的藩篱被打破了,你可以在中国直接与美国的公司合作,只要你离它的核心创新节点近,无论身在哪里,都一样可以参与到世界创新的核心中来。

扎克伯格的脸书、佩奇和布林的谷歌、比尔·盖茨的微软、乔布斯的苹果、贝索斯的亚马孙、马斯克的特斯拉、马化腾的腾讯、李彦宏的百度、雷军的小米等,这些商业企业都代表了一轮新的创新潮流。

三、城乡商业企业缺乏创新的原因

谈到创新,大家并不陌生,大部分的管理者都把创新视为企业文化的一部分,嘴里说的、墙上挂的、文件里写的,都是关于创新的论调,但是却很少有人把创新落实在市场开拓、商业模式创新、产品开发以及服务形式上。

城乡商业企业缺乏创新精神,有以下三大主要原因。

第一,创新动力不足。过去人们需求变化小、变化慢,企业只要有一款畅销产品便可打天下,甚至可以长时间地满足消费者从年轻到年老的需求。同时在传统的工业时代,企业讲究规模生产、大批销售、重金传播,市场处于卖方市场,企业和商家利用市场优势,合起伙来误导消费者,产品缺陷、服务缺失等损害消费者行为的现象层出不穷,消费者属于弱势群体,无法合理捍卫自身权益。在这一阶段,因市场需求依然很大,企业没有动力进行创新。

随着商业化进程的加速,时至今日,市场过度竞争,产品严重过剩,市场供过于求,市场逐步向买方市场过渡。同时,以数字化为基础的电子商务平台和各种社区消费平台的发展,使得消费者转换商家成本极低,仅仅通过换个门店或者动一动鼠标就可以办到。这就使得商家和用户的主动权发生转变,消费者拥有更大的话语权。用户思维成为数字信息时代最重要的思维,企业必须以更加物美价廉的产品、更加方便快捷的渠道、更加优质贴心的服务方式来满足用户的需求。这就迫使企业必须正视创新的必要性和必然性。

第二,创新体制不健全。创新是一个模糊混乱的过程,难以衡量,难以管理。只有当创新成为企业快速增长的必要手段时,企业管理者才对创新加以重视并着手开展创新工作。这种现象就必然使得企业更加关注眼前利益,更加短视,而不注重创新体制的建立和健全。即便是企业拥有少量具有创新精神的人才,因缺乏必要的成长环境和完善的创新机制,最终也将因创新资源不足而失去创新动力。

第三,管理惯性使然。在企业管理过程中,由于企业具有相对的封闭性和稳定性,使得既有的管理模式和管理思维得以惯性向前发展。在企业内部,无论是管理者还是员工,大多数基于对未来变化的焦虑和恐慌,也不愿意对现有的管理进行改变。同时,既得利益群体出于自身利益的考虑,也不愿进行创新。

第四,对创新的误解。这种误解主要表现为两个方面:一方面是企业管理者对创新人员的误解。认为创新人员特立独行,不利于组织的稳定发展。这种人不靠谱,不能委以重任。另一方面则是认为创新一定要具有非凡的智慧、巨大的投资,耗费大量的人力与资源并用尖端技术,引发市场革命,才能对现有市场带来颠覆性的效果。但事实并非如此,创新也不是如此定义的。只要是基于消费者的需求,哪怕是一点点小的改变也是创新,也能带来意想不到的效果。iPhone 一定不是一次成型,推向市场一下子就变成"街机"的,它也需要千百次的不断改变、持续改进才获得今天的市场地位。

所以,没有创新的动力、缺失创新的体制、管理惯性使然以及对创新的误解,造成了传统企业在竞争残酷的市场面前力不从心、不知所措,只能在危机重重的商业洪流中随波逐流。

四、传统企业"数字化"的流程

不管你愿不愿接受,数字化就在你身边。不管你想不想融合,数字化就在你周围。所以很多人认为淘宝店、微商、App 就是"互联网+"。其实,到目前为止没有人能给"数字化"下一个真正的定义。

传统企业与数字化结合,提升运营效率是第一步,在供需双方都产生增量之后,企业必须建立新的经营形态。笔者认为传统企业进行"数字化"必须经过以下流程:

第一,创新商业模式,建立新的经营逻辑。以创新的思维改造企业的传统经营模式,将原来传统行业链条的利益分配模式打破,重建新的经营逻辑。

第二,重塑产业价值链,提升运营效率。原有的价值链被数字化的思维打破,信息壁垒被打通,中间环节相应减少。减少不必要的损耗,对传统产业的核心要素重新分配,重构生产关系,以此来提升整个价值链或整个平台运营的高效性。

第三,改造生产流程,打造智能制造形态。个性化、定制化是"数字化"生产的主要方向,利用数字化技术将生产中的供应、制造、销售信息数据化、智慧化,最后实现快速、有效、个性化的产品供应。工业 4.0 实现的不是"B2C"而是"C2B",用户需要什么样的产品、最青睐什么增值服务、希望获取什么数据支持,企业就提供什么。

第四,升级供应链,促进产业协同。协助企业突破传统的内部边界制约,将企业范围延伸,构建起与上下游业务伙伴协同的供应链网络。

第五,管理体系变革,平台化沟通。打破传统的层级管理,构建高效的信息传递管理系统。在公司平台上,活跃着无数团队,团队之间是平行关系,它们可以轻松地将产品进行模块化分解,每个团队认领一个或几个自己擅长的模块进行生产、组装、化整为零,再重新整合为一体,实现管理闭环。

第六,运用大数据,数据价值化。将日常经营数据进行搜集和分析,依托外部机构构建数据储存和分析平台,实现数据的有效利用。量化决策、需求驱动、精准营销、高效协作,并利用数据进行便捷的信用融资。

第七,技术驱动,提升竞争力。技术是这个时代进步的原动力,除了利用数字化的便捷和高效,企业更应该容纳新的技术来提升竞争力。

第八,走向物联网,一切智能化。物联网是数字化的延伸,包括数字化及互联网上所有的资源,以及互联网所有的应用。把传感器、控制器、机器、人员和物资等通过新的方式连在一起,形成人与物、物与物相连,实现信息化、远程管理控制和智能化。

五、城乡商业企业经营模式创新的核心是创造价值

城乡商业企业经营模式创新能力取决于卓越价值的创造能力。管理学大师彼得·德鲁克说,顾客购买和认定的价值并不是产品本身,而是效用,也就是产品和服务为他们带来了什么。迈克尔·兰宁在《传递利益价值》一书中也明确提出,企业必须开发一套具有竞争力的卓越价值计划和卓越价值传递系统。传统的产品功能满足基本需求的时代已经结束,取代的将是满足顾客深层次的需求、为顾客创造价值,这就是新环境下企业经营的本质。

城乡商业企业经营模式创新解决的是价值创造问题。首先,一个企业要选择为谁创造价值、创造什么样的价值。因此,企业需要准确清晰地定位其目标客户群体,了解客户必须完成的任务或者最为强烈的需求,并提供相应的解决方案。其次,企业要通过一系列的资源配置和活

动安排来创造和交付价值。这包括构建和管理自己与系统内部其他成员的关系。最后,企业必须有清晰明确、可以持续的盈利模式。盈利模式能够保证企业在整个价值创造过程中收获属于自己的经济价值。

第二节　大数据与城乡商业企业战略

一、什么是大数据

大数据是指在一定时间期限内无法用一些较常规软件工具进行捕捉、管理和处理的数据集合,是需要新处理模式才能具有强决策力、洞察力以及海量优化流程能力、快速与多样化的信息资产。

19 世纪以来,因为信息缺乏及信息流通受到限制,社会对数据的运用停留在抽样调查和样本分析层面,调查结果并不精准。随着互联网的发展,很多互联网公司可以获得大量有价值的数据,这开启了大数据模式。大数据时代不再用随机分析的方法,而是采用全数据方法,即样本就是总体。

根据《大数据时代》一书所言,我们最终的目的不是储存数据,而是以一种前所未有的方式,通过对海量数据进行分析,获得有巨大价值的产品和服务或深刻洞见。大数据是人们获得新的认知、创造新的价值的源泉,大数据还是改变市场、组织结构,以及政府与公民关系的方法。

大数据时代的特点,主要体现在体量大、多样化、快速化、价值化、开放性等几方面。

一是体量大。大数据之所以叫大数据,其特征之一就在"大"。这个"大"即指数据的规模大。随着大数据时代的来临,各种数据呈爆炸性增长。互联网技术的广泛应用催生了信息的大爆炸,为海量数据的出现提供了现实基础。二是多样化。大数据时代,企业运行所产生的数据,包括结构化、半结构化及无结构化数据等多种类型,数据具有多样化的特点,管理难度相对较大。三是快速化。大数据时代,数据的产生、采集、存储、处理以及分析技术水平,均得到了一定程度的提升,数据处理的速度逐渐加快,为各领域运行效率的提高提供了保证。四是价值化。大数据中含有大量的科研以及企业数据,对于各领域而言,均具有较高的价值,一旦丢失将会对企业带来较大的损失。因此,保证数据安全较为重要。五是开放性。进入大数据时代,数据成为最重要的一个资源。"数据为王",谁掌握了数据,谁就拥有了主动性。能够从数据中提炼出价值点,并加以利用,企业就拥有了竞争优势。同时,大数据时代也是公平的,即数据是开放的。开放的数据,使得机构和个人都有了平等运用和分享大数据的机会,从而使得在传统社会中,凭借信息不对称而获取竞争优势的现象不复存在。在大数据时代,比拼的不仅仅是获取数据的数量,更关键的在于对数据利用的质量。

大数据与云计算密不可分,其战略意义不在于掌握庞大的数据信息,而在于对这些有意义的数据进行专业化处理,大数据的搜集和储存是基础,计算机分析是关键。例如,IBM 利用模型分析来确定电动汽车的电池充电的最佳时间和地点;百度利用人们上午浏览的页面和输入信息来推荐广告;去哪儿网利用机票销售数据来预测未来的机票价格等。大数据技术还可以做更深层的预测,例如,MasterCard Advisors 搜集和分析了 210 个国家的 15 亿张信用卡用户的 650 亿条交易记录,用来预测商业发展和客户的趋势。假如一个人下午 4 点左右给汽车加油,那接下来的一个小时他很可能去商场购物或餐厅吃饭,而商家正是需要这样的信息来促销它们的产品。

大数据在运用中发挥了巨大的价值潜力,但同时大数据还会带来威胁,它的分析会威胁到人们的隐私,会损害到个人利益。

针对这种威胁,斯坦福大学的两位学生埃文·斯皮格尔和鲍比·墨菲开发了一款"阅后即焚"的照片分享应用,即"Snapchat"(快照)。利用该应用程序,用户可以拍照、录制视频、添加文字和图画,并将它们发送到自己在该应用上的好友列表中。

快照最主要的功能是所有照片和用户信息都有一个 1 ~ 10 秒的生命期,用户拍了照片发送给好友后,这些照片会根据用户预先所设定的时间按时自动销毁。而且,如果接收方在此期间试图进行截图的话,用户也将得到通知。2011 年 9 月此应用上线。如今用户每天通过快照上传1. 5 亿张照片。2013 年 11 月 13 日,脸书向快照提出了 30 亿美元的收购要约。此后不久,谷歌提价竞购,出价 40 亿美元,但都被拒绝。2015 年 1 月 3 日,快照完成了 4. 86 亿美元的融资,跻身美国十大风投交易。

二、大数据与商业应用

《华尔街日报》将大数据时代、智能化生产和无线网络革命称为引领未来繁荣的三大技术变革。麦肯锡公司的报告指出,大数据是一种生产资料,大数据也是一个创新、有竞争力、提高生产力的前沿技术。世界经济论坛的报告认定:大数据为新财富,价值堪比石油。

随着全球互联网快速发展,越来越多的网络用户通过多种终端、多种平台输出数字内容,驱动整个互联网世界迈入"大数据时代"。有资料显示,1998 年全球网民平均每月使用流量 1MB,2000 年是 10MB,2003 年是 100MB,2008 年是 1GB(1GB 等于 1024MB),2016 年是 10GB。

三、大数据到底有多大

据百度的后台数据显示,百度每天搜索量50亿~60亿次,而来自谷歌的官方数据,谷歌每月搜索量为1000亿次。到目前为止,世界上储存的数据达到了1.2泽字节(1泽字节大约为1万亿GB,或者约2500亿张DVD),把这些数据全部记录在书中,这些书可以覆盖美国52次,如果将这些数据存储在光盘上,这些光盘堆出来的距离是地球到月球的5倍。

我们再看另一组数据。2017年,中国大数据产业规模达到4800亿元,同比增长23%。其中,大数据硬件产业的产值为234亿元,同比增长39%。数据显示,2018年我国大数据产业规模突破6000亿元。随着大数据在各行业的融合应用不断深化,2019年中国大数据市场产值达到8500亿元。2019年,包括数据挖掘、机器学习、产业转型、数据资产管理、信息安全等大数据技术及应用领域都面临新的发展突破,成为推动经济高质量发展的新动力。随着大数据技术应用进一步加深,2020年产业规模更是突破10000亿元。

四、大数据时代城乡商业企业经营策略

第一,顺应时代潮流,更新传统的管理方式。企业经营管理的方式深受企业传统管理方式的影响,这就导致在大数据时代,企业的发展会受到很大的影响,没有办法跟上时代的脚步。因此,企业需要更新经营管理的方式,比如,利用大数据去分析出传统企业经营管理方式的不足,并及时地做出更新,这样才可以有效地使企业在大数据时代下采取更好的经营管理方式。

第二,创新企业经营的管理方式,努力构建现代企业模式。在现阶段,企业经营管理方式没有创新也是使企业经营管理发展受到影响的主要原因之一,企业的管理模式没有创新,久而久之,就会导致企业的经营

管理模式出现很多的漏洞,对企业的经营管理十分的不利,甚至会让企业在未来的发展中出现经济危机。因此,对企业经营的管理方式进行创新也是十分重要的,比如,企业应时刻关注大数据的相关信息,能够保证企业所应用的管理方式一直是时代的主流,这样一来,就可以让企业发展得更久、更好。

第三,开展职工精简措施,择优选取合理人才,熟练地掌握大数据化的企业经营管理方式。大数据时代下的企业经营管理方式是很难掌握的,在没有专业人士的指导下,企业经营管理方式想要实现应用大数据化的企业管理方式是十分困难的,一旦操作不好,还会影响到企业的发展。因此,企业需要招聘一些熟悉大数据的专业人士,让他们对企业的经营管理方式做出调整。这样一来,企业就会逐渐掌握和适应大数据化的企业经营管理方式。

五、大数据时代下城乡企业经营模式的创新路径

大数据时代下,企业应改革企业决策模式、走精准营销之路、建立大数据预测系统,对管理模式加以创新。

(一)改革企业决策模式

"互联网+"时代,每个人既是数据产生的主体,也是数据应用的主体,每个人都可以应用数据开展决策。作为企业,则必须改革决策模式。第一,将决策主体由管理层向大众化转变。企业需要通过大数据手段或者第三方服务机构充分获取外部情报,通过对大量数据的分析和挖掘,找到数据间的相关性,为决策提供依据。也就是说,大数据时代下的企业决策主体不再是单纯的"人",而是"数据"以及这些海量数据间的相关性。第二,将决策方式从"业务驱动"向"数据驱动"转型。企业需要不断地收集市场、用户对企业产品或服务的评价信息,市场、用户的需求

信息,竞争对手的产品信息等各种数据,并根据这些数据来综合分析企业自身产品或服务存在的问题,以数据诞生情报,以情报改善决策,以决策提高竞争力。有研究显示,在美国公司,数据智能化每提高10%,产品和服务质量就提高14.6%。

(二)走精准营销之路

精准营销简单来讲就是提高消费者体验,让消费者乐于去购买你的产品或者服务。怎样才能做到精准营销呢?一是产品或服务必须定位准确;二是要有个性化服务;三是依靠先进的技术手段;四是提高营销方式的正确性。具体来讲,第一,构建用户数据库。用户数据管理是一个数据准备的过程,是数据分析和挖掘的基础,是搞好精准营销的基础和关键,否则会造成盲目推介或者过度营销。用户数据库需要尽可能地收集用户的各方面信息,包括但不限于姓名、性别、年龄、学历、身高、爱好、购买数量、购买频率、使用习惯等。第二,针对用户数据库里的数据,进行用户的细分和市场的定位。只有区分出了不同的用户群体,企业才有可能针对不同用户群体的差异化特征施展不同的营销手段,以提供满足这个客户群体特质化要求的服务或产品。第三,改进体验,赢得用户。在大数据信息的指引下,市场人员或者是后台人员可以准确地根据每一位消费者不同的兴趣与偏好为他们提供专属的市场营销组合方案,改进曾经不合理、不愉悦的体验,给予新的深入人心的体验,甚至把握用户更深层次的需求,从而赢得客户,而且这种改进必须是持续的。

(三)建立大数据预测系统

建立大数据预测系统,可使企业管理效率得以提升。以制造企业 A 为例,假设该企业目前处于发展的初级阶段,企业正处于起步之中。目前,企业所生产的产品,以汽车为主,但销量较低,企业的经济效益迟迟未能提高。在此环境下,A 企业即可建立大数据预测系统。通过该系统,整理近些年来汽车市场的销售数据,并寻找数据的规律。在此基础上,从汽车颜色、车型、排量以及性能等方面,通过大数据预测系统对用户的需求倾向加以分析预测。根据预测结果,调整本企业汽车的生产方案,以提高生产方案的合理性。

六、疫情后城乡商业企业如何抓住商机

2020年5月19日,百度联合罗兰贝格发布《基于百度独家搜索大数据的中小企业发展洞察及成长之策》报告,洞察了疫情后用户消费趋势的变化。报告指出,中国消费市场长期向好趋势不变,中小企业危与机并存,新基建正在成为拉动经济的新动力。

报告显示,2020年一季度,在线商学院等内容的搜索热度同比上升十分明显。消费者的自我提升、自我满足类消费需求提升明显,如"在线商学院""在线视频"等需求增长迅速,而"彩妆护肤""数码3C"类需求则呈现出一定的下降趋势,消费动机开始趋于务实理性。

同时,因疫情而使得线上低渗透、难突破的品类出现了新的消费机会,消费全场景化趋势更加显著。例如生鲜O2O,疫情期间的百度搜索热度较去年同期近乎翻倍,反映出消费者偏好转移的一种趋势。

报告显示,在乘用汽车领域,2020年一季度二手车平台等的相关搜索热度持续攀升,回暖迹象明显。在医疗健康领域,互联网医疗平台搜索热度上涨了50%。此外,从搜索数据看,生产制造、房产装修、金融保险、教育辅导等领域回暖迹象也十分显著。

在商业零售行业,随着国内疫情进入可控状态,企业主的信心也逐步恢复。报告认为,中小企业拥抱线上私域流量、拓展线下加盟店可加速营收恢复。

此外,新基建和直播领域为中小企业提供了新动力,新基建正成为拉动国内经济发展的新一轮驱动力。清华大学经济管理学院金融系教

授朱武祥表示,新基建将会进一步加强中国在互联网、云计算、人工智能等领域的优势。这也意味着中小企业面临的外部环境和依托的基础设施发生了重大变化。

百度搜索大数据显示,自"新基建"这一概念提出后,其搜索热度便始终处于高位。在新基建的带动下,"传感器""滤波器""充电桩""印刷电路板"等与新基建相关的配件产业的搜索热度均呈现上涨趋势。其中,"传感器"搜索热度涨幅最高,上涨119%,充分彰显出其中蕴含的结构性机会。

当天发布的"大数据报告"也显示,品牌的极大丰富导致购物决策难度增加,驱动消费行为趋于社交及娱乐化。

第三节 数字化时代的商业模式创新

一、数字化的真谛

当我们的网络遇到问题时,一般第一时间想到的是带宽升级,将手机从4G升级到5G,家庭宽带从100M升级到500M。但是进入2020年,不是简单的技术就能解决的问题出现了。

现在手机直播带货,很多网络主播会被网络卡顿所困扰,不明白自己明明买了最大的数据流量包,为何直播的时候还是断断续续?这绝非个例,格力集团董事长董明珠在第一次直播时也遇到了类似问题,"卡顿""重声""没声音"几乎是董明珠首次直播评论中出现最多的词汇。2020年上半年因为疫情的关系,很多孩子只能在家上网课,很多家里的宽带已经升级到20M,但在上课的时候还是会出现画面卡顿、音频不同步等问题,十分影响孩子的线上课程体验和学习效率。这样的问题困扰着很多人,尤其是当家里多人同时使用网络的时候更为突出,如孩子上网课的同时,父母需要开视频会议。

这一切,到底是因为什么?答案是各类企业通过运营商所提供的网络和客户需求之间不匹配,中间有一道深深的"鸿沟"。就像关于客户需求的那个著名说法:"客户不是要买电钻,而是要买墙上的那个洞。"行业数字化催生了客户的新需求,他们需要的不是标准化的网络,而是差异化、有保障的服务。

作为网络主播,需要的是有保障的上行带宽,而不是更大的数据流量包。因为现在的网络更多的是针对大众浏览需求,强在下行,而主播人群则需要更大速率、更稳定的上行带宽,其中4K直播更是需要至少15Mbit/s的上行带宽。

孩子上网课需要的是稳定的网络体验,而不是多少兆的宽带。使用公共频谱的Wi-Fi经常会出现干扰或者频谱竞争,从而导致连续丢包,这对于学生上网课来说是大忌。这群用户所需要的是围绕在线教育体验的家庭Wi-Fi规划、应用加速等服务,需要的是专门的在线教育宽带套餐。

"1000个人眼中,有1000个哈姆雷特",同样,用户需求千差万别,1000类用户就有1000种不同的需求,这时候再用一个网络包打天下,显然不合时宜。

这样的例子,还有很多。在线游戏用户,对宽带的需求从单纯的购买带宽转变为寻求稳定的低时延网络,因为时延越低意味着更快的移动速度、更快的射击;垂直行业的客户,对5G网络同样需要可保证的、稳定的低时延；向数字化转型的企业客户，需要的不仅仅是连接，而是"连接+云"的整体解决方案；银行、证券、保险及政府客户，需要的则是更安全的专网。

网络运营从软硬件技术和模式上满足了消费需求，但处于供应链中上游的城乡商业企业，面对数字化机遇，也需要进行经营模式的转变。

创新赋能的核心是企业服务，是提升企业创造性地解决当前问题的能力，流程机制只是一部分，更核心的是人的能力。

面对任何一个挑战或者难题，企业在寻求更加精准的解决方案的过程中，并没有像想象的那么流畅，可以快速享受全人类目前智慧的大数据库，而实际上所有的决策是建立在自己有限的认知之上。所以，企业知识数字化的运营和管理将会成为必然，然后会有开源的针对组织发展的平台形成，平台上因为沉淀了众多组织不同发展阶段所面临的问题及解决办法，因此可以在线反馈真实的调整建议和方案。

从抽象角度看，数字化的观念包括用户思维、迭代思维、增长思维、众包思维、平台思维。

二、数字化转型与企业创新

随着大数据、云计算、区块链等新兴技术的广泛运用，现代企业在生产经营中产生的大量数据与信息逐渐成为发展的核心资产。党的十九届四中全会首次将"数据"确定为新的生产要素，与传统生产要素一起共同创建新的经济方式，标志着我国经济发展正式迈入数字经济时代。数字经济的快速崛起促使产业升级不断加速，作为产业升级的微观主体，企业能否完成数字化转型是衡量我国产业能否抓住数字经济重大机遇的关键。企业数字化转型涵盖多方面的内容，概括而言是指利用数字技术使企业在商业模式、管理架构、企业文化等方面不断变革创新，从而逐步释放数字技术对经济发展的放大、叠加和倍增作用。同时，企业创新是企业管理的重要内容,也是企业实现转型的重要表现。数字技术的应用改变了企业对知识重组与转移的能力,使企业内部得到更有效的创新,促使企业由传统的创新网络向创新生态系统转变,并加速网络成为一种新的企业特定优势。在数据驱动发展的新时代,数字化转型推动企业不断实现创新是企业顺应时代发展的必然要求,无法主动顺应时代进步的企业就会落后和被淘汰。

(一)数字化转型与商业模式创新

全球知名 IT 市场研究机构(IDC)对卓越商业模式变革者的定义包含两个层面:一是使组织在数字化转型方面取得突破,在行业中保持竞争力;二是能够充分利用数字技术探索新的商业模式并已经取得成效。传统企业基于数字化转型产生的新商业模式已成为数字经济市场的一股重要力量,并有潜力成为新规则的制定者。罗贞礼指出企业内部数字技术的普及有利于快速突破企业固有边界,使商业模式由传统走向创新,实现产业数字化转型与创新融合,从而构建数字驱动、智能主导的数字经济高度融合生产体系。陈冬梅等认为对传统商业关系进行重构是数字化转型的核心内容,重构之后的新型商业关系形态重新定义了企业、产品、用户的市场角色,代表着更强连接、更多交互、更多维度的价值创造模式,也成为企业在数字化革命中赢得竞争优势的关键所在。传统组织难以作为独立的个体置身于数字化商业环境中,数字化工作平台等新型工作模式的出现挑战了传统组织形式存在的必要性。陈劲等将数字化转型分为三个阶段,认为数字化转型完全超越了信息的数字化或工作流程的数字化,着力于实现"业务的数字化",使公司在一个新型的数字化商业环境中发展出新的业务(商业模式)和新的核心竞争力。肖静华认为新一代数字技术通过实现用户增权,逐步形成了以企业和用户互动为基础的各种新型商业模式,如抖音、滴滴等。李春涛等则从具体的应用角度阐释了金融科技促进企业创新的两个途径:一是缓解企业的融资约束;二是提高税收返还的创新效应。

综上所述,企业数字化转型为我国经济高质量发展注入了新动能,对企业创新的影响越来越彰显出其强大的竞争优势。以往学者对数字化转型与企业创新的研究主要集中在形成动因、模式、措施等方面,对数字化转型与企业创新之间互动关系的研究较少。本书基于我国企业数字化转型现状,研究企业数字化转型与企业创新的内在互动,以期为我国企业发展提供有益参考。

(二)数字化转型与企业创新的内在联系

企业数字化转型是一个顺应时代进行变革创新的持续性动态过程,在这个过程中,企业需要快速适应数字技术的普及,适应社会消费需求的变化,适应商业运行模式的转变,让企业变革创新成为驱动自身发展的强大动力。

1.数字化转型是推动企业创新的外在动因

宏观环境的不断变化促使企业加速转型。资源依赖理论和利益相关者理论将企业看作一种对外部刺激的响应器,认为企业会根据技术、市场等不确定性或利益相关者的诉求作出相应的反应。国外对数字经济的发展不断提出新的要求和采取新的行动,如2020年7月,欧洲理事会通过"欧盟下一代"经济刺激计划,将绿色复苏和数字化转型列为主要发展方向。在加快构建新发展格局背景下,数字经济的快速发展使得企业必须顺应数字化、网络化、智能化发展趋势。李舒沁通过分析欧盟中小企业数字化转型情况指出,全球众多国家中小企业都在开始采取数字化手段实现企业升级,但在进行数字化转型时都面临着接收信息、市场准入与获取投资等方面的挑战与困难,为应对这些挑战,科技创新为其持续发展提供了新的路径。数字经济时代企业核心竞争能力不再指传统的产品生产能力,而是涵盖数字化和服务的制造能力。数字化信息和知识具有可共享、重复使用、低成本复制等特点,对其使用和创新越多,创造的价值越大。苗力强调要把数字化放在战略的角度,利用新兴数字技术加速企业战略的内容以及决策程序的创新重构,助力企业抢占新的竞争制高点。陈劲等认为传统企业在数字化转型过程中,应考虑设立首席技术官、首席数据官、首席创新官"铁三角",协力推动企业的生态协同创新战略,实现创新生态化、生态协同化、协同创新化,只有这样,才能实现数字经济时代"技术创新+商业模式创新"的双轮驱动增长。

2. 企业创新是实现数字化转型的内在需求

为更好地实现企业数字化转型,企业必须从观念到能力都开展深刻的内部变革。首先,在数字化战略实施过程中,企业内部的文化变革是转型的基础和前提。没有理念与文化的改变,企业数字化战略则往往缺乏彻底性,组织固有的文化理念可能会成为企业转型升级的阻力,企业需要在全部层级范围内提升员工对数字化转型的认同感和行动力,逐步建立并提升员工的数字化思维方式。其次,为赢得数字消费者,企业需要摆脱原有的产品驱动型发展方式,真正了解客户显性和隐性诉求,提供与客户个性化需求密切相关的解决方案和用户体验,这也是企业实现数字化战略转型的核心所在。升级传统消费和发展数字消费需要实现生产力和消费力的均衡发展,数字经济时代传统消费内容逐渐实现了数字化转型,即可数字化的传统产品和服务逐渐进行了数字化转型。随着产业物联网、人工智能、敏捷创新等数字技术不断涌现,未来打造数字化企业和赢得数字消费者应是企业关注的两大重点领域,企业管理层需要不断强化战略眼光和创新思维,以便更好地作出投资决策,加快实现企业转型。最后,企业通过对其运营进行创新改造和升级来提高内部运营效率,摆脱原有的产品驱动型发展方式,为实现数字化转型强化基础条件。因此,企业只有具备开展技术研发创新、生产方式变革、组织管理再造和跨界合作的能力,才能推动企业数字化转型不断深入。

　　企业数字化转型不是简单地上一堆信息系统就一劳永逸的事情,而是一个与时俱进、变革创新、持续推进的动态过程。企业数字化转型需要适应信息技术的变革创新,适应社会消费需求的变化,适应社会运行模式的转变,只有这样,才能让企业创新成为引领社会发展的风向标。

(三)数字化转型的策略

1.改变管理思维,重新定义人与技术的关系

　　一是注重员工培养,加强员工数字化意识。数字化转型不是万能的,在这个过程中不能忽视对企业员工的培养。很多企业在转型过程中存在着认为依靠技术手段就能实现企业转型的认知误区,这种理解存在很大不足,且极有可能导致转型失败,尤其是在日益激烈的竞争环境中,人才与技术的合理搭配显得至关重要。数字化转型不能一味追求技术,创造数字产品和提供数字服务是要充分分析对人、组织和社会造成的影响,如在工作职能方面不能一味追求使用机器替代人类,而应该更多考虑人机互补合作,激励员工以企业主人翁的精神在日常管理、产品更新等方面不断实现突破和创新,平衡期望、技术潜力和商业目标的关系,与各方建立更牢固、更互信的关系。二是深挖消费潜力。传统经营者往往根据消费者的平均需求来匡算市场规模,制造相应产品。但是,随着消费者需求日益多样化和个性化,这种粗放式的生产方式已经无法适应这种变化,"旧模式"与新需求之间的"技术冲突"日益显现。随着对消费者的数字解构,越来越多个性化、定制化的消费需求呈现在企业面前,在此基础上,企业应不断挖掘消费潜力,强化用户体验,快速确定市场需求并制订产品计划。同时,企业应从公司总体发展战略出发,将企业的社会责任贯穿到公司整体经营活动中,培养员工的社会责任感,增强企业员工的自豪感以及向消费者传达积极的企业公民形象,为消费者留下良

好印象,拉动二次消费。

2. 明确发展目标,时刻保持初创精神

随着数字化时代的到来和不断发展,企业数字化转型正在不断全面化和深入化,对此,企业需要思考一个新的问题:当所有企业都将开展数字化作为必要条件时,如何进行前瞻性布局才能独占鳌头? 缺乏明确的目标以及实现目标的严格流程是导致高失败率的原因。麦肯锡的报告显示,各类企业向数字化转型是一个价值 1.7 万亿美元的行业,但70%的尝试最终都以失败告终。数字技术一方面给了行业领军者新的武器、新的发展动力,使他们有了更大的话语权,并且有自信面对未来;另一方面也带来了更大的挑战,即如何改变企业的行为和动机,从而使企业具有像初创公司那样的灵活性和紧迫性。企业发展过程中要将企业视为一个不断发展的组织,克服企业在生命周期不同阶段的惰性,改造进入成熟期的企业,对其进行改组"翻新",以保持竞争和创新的动力,强化组织能力和人员能力,增强企业核心竞争力,有利于企业捕获新的市场机会,尝试新的商业模式,在未来商业市场中提前占位。

3. 营造创新氛围,提升企业经营能力

一是正确衡量创新与风险。数字技术带来了成本结构、运作结构和交易结构的重大改变和创新,使传统企业从以生产和服务为核心的体系转为以信息和数据为核心的体系,而在这个过程中风险是客观存在、不可避免的。风险的存在可能会使原本信心满满的创新思路裹足不前,从而影响创新工作开展。因此,企业需谨慎衡量两者之间的关系,既不冲动盲目,也不知难而退。二是提升决策层数字化思维。创新机遇的预测需要企业有高效的数字化运作组织,决策者要有极为敏锐的数字思维和应用能力。创新性的数字化思维能够使企业更快实现在塑造竞争优势方面从自给自足到开放合作,在产品设计开发方面从线性开发到快速试验,在信息安全方面从被动合规到积极应对等。三是激发企业内部创新

活力,加速企业数字化转型。增加创新性研发投入和激励投入,在企业内形成全员创新的良好氛围,提升企业技术创新能力,激发人才创新活力,更好地推动企业信息化、高效化运转。

4. 注重模式创新,规范企业发展

一是创新企业组织模式,盘活内部资产。加强科研院所、高校、企业之间的互动,促进跨部门、跨行业的信息、资源、技术共享。二是强化法治意识,促进企业有序发展。严格遵照监管规则,承担好企业责任和义务,重视网络传播对企业生产经营的宣传效应,提升企业的形象和口碑。三是提升企业知识转化能力。注重增强企业管理层的科学决策能力、企业职工的知识吸收能力,将市场上最新的科技思维、科技产品与企业的运营有效融合,以科技手段助推企业由量增向质优阶段迈进。在推动企业发展的过程中要加强有关部门、行业、社会公众对企业的监督,促进企业规范管理,提升管理水平。

第四章　数字信息时代城乡商业企业的创新思维

第一节　互联网思维

迅猛发展的互联网,已经渗透到人们工作和生活的方方面面。互联网对传统行业的渗透和融合,让很多传统企业纷纷向互联网转型,如海尔、联想就是典型代表。另外,以 BAT 为代表的互联网公司的成功,证明了运用互联网思维的确能为企业发展注入更大的活力和更强的竞争力。我们必须要明白一点:不是互联网企业淘汰传统企业,而是新的商业模式必然会淘汰旧的商业模式。当下传统企业遭遇的最大挑战莫过于互联网对其造成的颠覆和冲击。为了应对挑战,我们必须改变思想观念和商业理念,用互联网思维去审视传统企业的发展与机会。

不是因为有了互联网,才有了互联网思维。不是因为你在互联网公司,你就有互联网思维。不是因为你是传统企业就没有这种思维。只是因为互联网科技的发展,以及对传统商业形态的不断冲击,导致了这种思维得以集中式爆发。没有传统的企业,只有传统的思维。传统企业要拥抱互联网,就必须要有互联网思维。互联网思维就是一种思考方式,是一种基于商业模式的创新思考方式。

"互联网思维"一词最早是由百度创始人李彦宏在 2011 年《中国互联网创业的三个新机会》的演讲中首次提出,意思是要基于互联网的特征来思考。由于当时对这一理念的描述非常地碎片化,也并未得到重视。后来,小米用互联网思维卖手机,黄太吉用互联网思维卖煎饼果子⋯⋯这些鲜活的成功案例使得"互联网思维"风靡一时。互联网思维无论是在理论层面还是在商业实战层面,都得以重视。那么什么是互联网思维呢?

目前,互联网思维尚未形成一个统一定义,每个人心中都有自己的"互联网思维"。各位互联网企业家对互联网思维的定义也是莫衷一是。小米雷军认为,互联网不仅是一个工具,更是一种全新的思想,用完全不同的思想来看待业务,看待市场,看待我们的用户。他将这种思想总结为七个字——专注、极致、口碑、快。海尔张瑞敏认为,企业的互联网思维应是零距离、网络化的思维。互联网消除了距离,并使得企业网络化。联想柳传志则换一种角度,从结果加以解读。互联网思维与传统产业的对接,会改变传统的商业模式。从结果看,大致会产生这么几个效应:长尾效应、免费效应、迭代效应和社交效应。

不仅如此,在理论界,各位学者们对互联网思维的定义也是百家争鸣。和君咨询的赵大伟认为,互联网思维是指在(移动)互联网、物联网、云计算、大数据等科技不断发展的背景下,对市场、用户、产品、企业价值链乃至整个商业生态进行重新审视的思考方式。《福布斯》杂志中文专栏作家陈雪频认为,互联网思维是在互联网对生活和生意影响力不断增加的大背景下,企业对用户、产品、营销和创新,乃至整个价值链和生态系统重新审视的思维方式。陈世鑫认为互联网思维的要义是"社会大众在互联网海洋里纵向横向获取的信息,让他们对世界、社会产生新的认识和看法"。

可见,互联网思维的定义众说纷纭,莫衷一是。不同的企业家和学者因研究视角不同,定义自然也不尽相同。对此,笔者认为,互联网思维是基于互联网发展而衍生的一种"以用户为中心"的创新性商业思维。该思维是在互联网浪潮席卷下,对传统企业价值链进行重新审视,提供让用户尖叫的产品或服务,确立一种"以用户为中心",创造极致的用户体验,深入内心,满足最终消费者的创新商业模式。互联网思维的本质是尽其所能让用户满意,从而达到企业逐利的目标。

关于互联网思维的观点,因为站的角度有所不同,还是会有些差别,但有一点共性就是互联网思维最终回归用户,真正做到了以人为本。

笔者认为互联网思维是相对传统工业化思维而言,是基于数字信息时代背景,对客户零距离、网络化,价值链上更加专业化、扁平化,是对传统产业的改良,是一种商业革命的思维方式,更多考虑企业无边界、管理无领导、供应链无尺度。应该说,互联网思维并非技术思维,也不是营销思维,更不是电商思维,而是一种系统性商业生态的商业智慧思维,这种商业思维适用于所有企业。

互联网的出现不仅改变了世界格局,也改变了我们的生活。互联网让很多产业的边界变得模糊,甚至颠覆了传统的商业模式。在互联网中,一切都变得有可能,所以,必须要有互联网思维,才能高人一筹。那么,互联网思维到底改变了什么?

第一，万倍增速，时间缩短。24 小时更新的报纸、现场直播的电视不得不让位于"瞬间、即时"的微信和微博。当场挑选、当场购物的超市，不得不在"瞬间、即时"的网购前节节败退。

第二，万倍扩容，空间放大。报纸的 24 版、48 版、128 版……怎么拼得过互联网的海量信息？超市的一个仓库、十个仓库、百个仓库……怎能及互联网的无限库容？

第三，万众参与，万人互动。时间的骤然缩短和空间的骤然放大，为万众参与、万人互动提供了充分可能。一家传统报纸，发行量不过数万、数十万份，一个受欢迎的网民的微博，粉丝可达数百万、数千万人；一家大型商场，不过容纳数百数千顾客，一个淘宝商店，数十万人可以网上交易。互联网令世界产生从未有过的核聚变效应：一变十、十变百、百变万、万变亿……一切的发生，只在瞬息间。

第二节　数字化思维

围绕着数字化转型，人们自然而然地提出了数字化思维，也有人试着给出数字化思维的定义。本书不想下什么定义，只是想结合自己的经验和认识，对数字化思维和数字化转型进行一下梳理。

说起数字化思维，肯定是相对于非数字化思维而言，我想应该是传统性的经验思维。经验思维一般都是和决策判断结合在一起的。那经验思维转化为数字化思维的核心内涵是什么呢？简单说就是通过数字化决策判断来代替我们的经验决策判断。

应该说在传统的经验思维下,我们仍然是有很多数据的,人们也是根据这些数据来进行决策判断的,只是这些数据不够准确,所以数字化思维就是要替代经验进行决策判断。

一、数字化思维与数字化转型的结合——业务目标驱动

既然数字化思维的理想目标是实现自动的决策判断,那么企业的数字化转型就应该按照以终为始的思路来牵引数字化转型工作,其中第一步要做的就是明确:业务目标是什么?

说起业务目标,我们不能仅仅说一些宏观的目标,应该从宏观的业务目标开始向下进行分解,即这些目标最终会演变为目标链条或者目标网络。这些业务目标是否达到,需要进行决策判断。同样,目标链条或者目标网络当中的每一个目标是否实现或者说是否达到,都是要进行判断的,我们可以针对无论是大目标还是小目标,建立基于数字化思维的数字化决策支持模型。

二、业务目标的逻辑支撑——支持数字化决策模型的业务梳理

现在企业进行各种各样的业务目标达成的决策判断,大多是基于一些统计报表,里面有大量的数据。显而易见,要想实现数字化的决策判断,必须要获取这些用于支撑决策判断的数据,这是首先要进行梳理的,也是很明确的。而这些数据的产生,肯定是与业务活动相关的,用以支撑数字化决策判断的业务数据,可能来自企业的很多部门进行整合才能够获得。

这些数据就相当于为企业的各个业务部门提出了明确的输出内容。这些内容对于业务开展来说是必须要完成的任务,这是用于判断业务是否需要的一个重要依据,不能够支持企业各级业务目标的业务就没有必要继续。

三、快速的决策判断数据来源——数字化业务流程

在没有信息化系统或者数字化系统的时候,用于决策判断的各种统计报表里的数据,很多情况下都是靠人来收集整理的。这种情况显然是不适应快速响应或者快速应变企业运行方式要求的。

快速的决策判断所需要的数据来源,应该来源于数字化的业务流程。那什么是数字化的业务流程?应该是顺畅而没有歧义的衔接流程。

这种流程最理想的方式,应该是自动的。对一些虚拟的业务环节或者自动业务,我们可以通过约定的程序进行输入处理,得到一个约定的输出,并将其正确地传到下一个环节。这一过程能够很容易地实现自动化。但在现实中,我们无法完全实现无人化工厂,毕竟很多环节和工作人工还是必要的。

但对于有人参与的这种业务环节,也应该提供明确无歧义的业务操作流程。也就是说,对这些业务操作进行规范化的处理才能产生规范化的结果。所以数字化业务流程,更多的是进行业务流程的规范化,包括业务操作的规范化。

四、业务流程的数字化运行——流程引擎,或者既定的流程链条

业务流程的数字化运行有两种方式:

我们最常见到的就是各个数字化系统或者信息化系统当中所具有的相对固定的业务衔接链条。如果企业的业务模式相对固定,或者企业的业务衔接关系相对固定,可以按照这种方式来进行。

另外一种方式就是通过统一的流程引擎来驱动业务流程的数字化运行。这是一种根据需要自动组合相关的业务环节形成的业务链条,当不需要的时候就可以解散,或者业务执行完毕之后就可以解散的方式。

这种方式对信息化系统当中的业务环节,以及业务环节之间的关系接口都提出了更高的要求。应该建立统一的规范标准来梳理和定义这些业务环节,并且以数字化的方式来进行定义,以便快速地组装成所需要的业务链条。

五、准确的数据来源——数字化数据治理

有了数字化的业务流程,或者业务流程的数字化执行,并不代表就一定能够获得所需要的数据。想要获得准确的有助于决策判断的数据来源,就应该进行数字化的数据治理工作。

数据治理的目的是使数据以一种数字结构化的方式明确无歧义地进行唯一的定义。也就是说,我们应该遵循统一的要求来进行定义,要用统一的方式进行标准化的表达。

数据治理的工作量非常大,要求也非常细致,但这是企业进行信息化系统建设或者数字化转型升级必须要开展的工作。一定要明确,对于一个信息化系统来说,如果输入的是垃圾,那么输出的也是垃圾。

数字化的数据治理离不开数字化业务流程,因为这些数据都是依托数字化流程来应用和产生的,而流程的业务环节有很多,如果我们逐个环节进行数据数字化和结构化处理,这将是非常烦琐的。所以对于信息化系统来说,定义统一的数字化结构化信息模型,并在此基础上与数字化业务流程的各个环节进行关联,支持各个数字化业务流程环节——规范地输入、规范地操作和规范地输出。

就如同操作工人在进行数控机床操作时,通常的方式是操作工人在数控机床里翻找适合自己的程序,但是更好的方式是通过 DNC 根据正确的任务书下发正确版本的程序,这样可以减少因为有人介入而导致的有歧义的不可靠的运行问题。如果我们仔细研究过西门子安贝格或者成都工厂的信息化架构,就会发现他们在系统中提到一个词叫 NC

Program Generate 的概念,其实就是程序生成器,通过统一的生成同时下发 SMT 各种执行程序,避免各种问题并提高效率,这是一个比较好的方式。

因此,统一的信息模型不仅要当成一种规范来使用,还要将它物化成中心或者数据中台,在信息化系统运行过程中,帮助各个业务环节在需要的时候下发正确的数据。

第三节　商业模式

商业模式概念起源于信息管理领域,是由康扎尔和多托雷在其数据和流程的建模研究中首次提到的。20 世纪 90 年代,互联网的兴起推动了商业模式的研究与应用,特别是电子商务的出现,让商业模式很快进入企业家们的视野。直到 1998 年,商业模式才正式作为一个独立的领域为众多研究者所关注。自此之后,越来越多的学者加入了这一研究群体,并从不同视角对商业模式加以剖析,让商业模式在短时间内进入百家争鸣、百花齐放的状态。即便如此,究竟什么是商业模式,到目前为止尚未形成统一的认识。

一直以来,我们认为商业模式似乎什么都是、无所不包,其实不然。商业模式虽然涉及内容广泛,但只有与企业运营相关的活动和政策,才被认为是商业模式的一部分。对此,很多学者开始对商业模式概念加以界定。莫里斯等通过对 30 个商业模式定义中的关键词进行分析,并将这些定义由低到高分为经济类、运营类和战略类三种类型。原嘉在参考了莫里斯等对商业模式定义的归类后，将商业模式的定义从总体上归类为由经济向运营、战略和整合递进的等级。可以说，伴随商业模式在企业的应用，我们对商业模式的定义也经历着从经济类向运营类，再向战略类，最后是整合类逐层递进的过程。

首先，经济类界定。在经济类层面上，商业模式仅仅被描述为企业的经济模式，其根本内涵为企业利润获取的逻辑。与此相关的变量包括盈利模式、定价策略、成本结构、最优产量等。其中代表性人物包括斯图尔特、拉帕、奥弗尔等。

其次，运营类界定。在运营类层面上，商业模式被描述为企业的运营结构，焦点在于说明企业通过何种内部流程和基本构造设计，使得价值创造成为可能。相关变量包括产品/服务及其交付方式、业务流、资源流、知识管理和后勤流等。

再次，战略类界定。在战略类层面上，商业模式被描述为不同企业战略方向的总体考察，涉及市场主张、组织行为、增长机会、竞争优势和可持续性等。与此相关的变量包括资源和能力、价值主张与价值活动、利益相关者网络和联盟、组织行为、竞争优势与可持续性等。

最后，整合类界定。在整合类层面上，商业模式被认为是一种对企业商业系统如何很好地运行的本质描述，是对企业经济模式、运营结构和战略方向的整合和提升。它多被用来阐释企业如何通过创造顾客价值、建立内部结构，以及利用关系网络来开拓市场、传递价值、创造关系资本、获得利润并维持现金流的商业本质。国内外越来越多的研究者开始尝试从这个层次对商业模式概念加以理解。

一、商业模式的特征

商业模式就是为了实现客户价值最大化，把能使企业运行的内外各要素整合起来,形成一个完整的高效率的具有独特核心竞争力的运行系统,并通过最优实现形式满足客户需求、实现客户价值,同时使系统达成持续赢利目标的整体解决方案。

第一,商业模式是一个整体的、系统的概念,而不仅仅是一个单一的组成因素。如收入模式、向客户提供的价值、组织架构等,这些都是商业模式的重要组成部分,但并非全部。

第二,商业模式的组成部分之间必须有内在联系,这个内在联系把各组成部分有机地关联起来,使它们互相支持、共同作用,形成一个良性循环。

第三,商业模式是难以模仿的。企业通过确立自己的与众不同,如对客户的悉心照顾、无与伦比的实施能力等,提高行业的进入门槛,从而保证利润来源不受侵犯。例如,直销模式,人人都知道其如何运作,也都知道戴尔公司是直销的标杆,但很难复制戴尔的模式,原因在于"直销"的背后,是一整套完整的、极难复制的资源和生产流程。

第四,成功的商业模式能提供独特价值。有时候这个独特的价值可能是新的思想,而更多的时候,它是产品和服务独特性的组合。这种组合要么可以向客户提供额外的价值,要么使得客户能用更低的价格获得同样的利益,或者用同样的价格获得更多的利益。

第五,成功的商业模式是脚踏实地的。企业要做到量入为出、收支平衡。这个看似不言而喻的道理,要想年复一年、日复一日地做到却并不容易。现实当中的很多企业,不管是传统企业还是新型企业,对自己的钱从何处赚来,为什么客户看中自己企业的产品和服务,乃至有多少客户实际上不能为企业带来利润反而在侵蚀企业的收入等关键问题都不甚了解。

2013年第四季度,苏宁推出互联网店铺"云店",把店铺开到消费者的口袋里、客厅里去,并通过开放平台"苏宁云台",将自身物流、信息流和资金流等资源全面向社会开放。张近东表示，苏宁对此已经明确，那就是系统推进"一体两翼"的"互联网路线图"。

所谓"一体"就是以互联网零售为主体，而"两翼"就是打造O2O的全渠道经营模式和线上线下的开放平台。综合起来看，就是要把苏宁线上线下的资源融为一体，然后按照平台经济的理念，最大限度地向市场开放、与社会共享，从而实现流通领域新一轮的资源重组与价值再造。

苏宁要做互联网企业，就必须积极吸纳和学习互联网优秀的文化元素，同时传承苏宁优秀的文化内核，互相融合，形成苏宁新的互联网企业文化体系。

苏宁于2013年第四季度在北上广深等一线城市推出了第一批1.0版本互联网门店，然后在全国进行加速复制，并逐步开始向二、三线城市推广。张近东表示，苏宁正在实践的云商模式，就是对互联网零售的具体论释，"电商+店商+零售服务商"就是苏宁云商，这一新型商业模式包含以下几层含义：

一是要建立O2O融合的、多终端互动的全渠道经营模式。作为数字信息时代O2O融合零售的核心一环，苏宁在店面布局进一步优化的基础上，将会以消费者的购物体验为导向，全面建设互联网化的门店。将原先纯粹的销售功能，升级为集展示、体验、物流、售后服务、休闲社交、市场推广为一体的新型实体门店，如全店开通免费Wi-Fi、实行全产品的电子价签、布设多媒体的电子货架等。又如利用互联网、物联网技术收集分析各种消费行为，推进实体零售进入大数据时代等。

二是要回归零售的本质，建立全资源的核心能力体系。苏宁所定义的线下，不是狭义上指的单纯门店资源，而是一个涵盖了店面、物流、服务、供应链，以及用互联网思维武装的新型销售团队在内的全资源能力体系，这是对空中的互联网经营最为有效的实体支撑体系。进入O2O时代，传统零售业插上了互联网的翅膀，曾经被认为是巨大包袱的线下资源转瞬间点石成金。

三是建立起开放平台的经营模式。相比传统门店辐射范围有限,互联网的世界是无限延展的,只要一触网,就面对全国甚至是全世界的消费者,各种个性化的需求便会扑面而来。互联网经济的重要特征是开放和共享,苏宁全面互联网化本质上就是要按照开放平台的方式把企业资源最大限度地市场化和社会化。

二、商业模式的作用

管理学大师彼得·德鲁克曾经说过:"当今企业之间的竞争,不是产品之间的竞争,而是商业模式之间的竞争。"商业模式在现在的市场竞争中已经变得越来越重要。依靠引入新的商业模式来保持持续的变革和创新能力对企业在快速变化的商业环境中存活并发展是极其重要的,它主要表现在以下四个方面:

第一,商业模式是决定企业能否快速、高效赢利的关键。我们进入的行业是多样的,可能是全新的行业,商业模式没有或不稳定,风险很大;进入的行业可能是老行业,已经存在相对成熟的商业模式,而新进入者要想在行业中长期获利甚至迅速崛起,商业模式选择就至关重要了。我们总要找到可以促进快速发展而又具有差异化的新商业模式,以应对竞争,持续赢利。

第二,商业模式将促使企业思考其所能提供的本身价值,更好地进行商业运营。对于企业而言,三大竞争战略(差异化战略、低成本战略、聚焦战略)更多关注的是企业所能提供的价值:是不是低成本的,是不是具有差异化的,是不是基于对价值的聚焦。而商业模式将使企业更多地思考:价值提供是不是对的,是不是能带来利润的增长,是不是在合适的时间、合适的场合提供。这将促使企业更深入地思考自己的商业运营,更准确地选择和城乡商业企业的活动。

第三,商业模式很大程度上决定了企业核心竞争力的打造。商业模式的本质决定了企业是新行业还是老行业,决定了是做行业的某个环节,还是全行业强势进入,而这些选择在无形中已经决定了企业的核心竞争力(是技术、管理、营销,还是全部或者其他),决定了企业的核心竞争力锻造方式(是全行业价值链的锻造,还是基于某点的聚焦操作)。

第四,商业模式促使企业全方位地看待问题,全面聚焦客户需求,同时兼顾竞争对手。从企业的商业运营角度来讲,商业活动是由三方组成的:企业、客户和竞争对手。企业选择商业模式时会牵涉行业选择、商业区域选择、商业业务选择等,同时也会牵涉商业竞争的考量,要考虑到行业竞争对手的运作,而这些都要以客户需求为导向。

第四节　基于互联网思维的企业经营模式

从营销角度讲,互联网思维就是以用户为中心,创造极致的用户体验,深入内心满足消费者。如果你害怕企业被颠覆,一定要研究互联网思维,并基于互联网思维不断进行商业模式的创新。曾为世界 500 强企业的柯达,早在 1991 年的时候,它的技术就已经领先同行 10 年,但它却在 2012 年 1 月破产了,是被做数码的企业干掉了。同样,当索尼还沉浸在数码领先的喜悦中时,突然发现,原来全世界卖照相机卖得最好的不是它,而是做手机的诺基亚,因为每部手机都是一部照相机,随后几年,索尼业绩大幅亏损,濒临倒闭。然后,原来做电脑的苹果也开始销售手机,把手机世界的老大诺基亚给干掉了,而且诺基亚还没有还手之力。2013年9月,诺基亚被微软收购了。

行业落败的关键是管理者思维的落后,"粉丝"恐怕是今天互联网上提及频率最高的词语之一,它也是互联网思维核心——用户思维的最好表征。自从有了互联网,就没有离开过"用户"这个词语,如用户注册数、活跃率等都与各个互联网产品息息相关,在MSN、微博、微信等产品出现后,粉丝成为衡量一个平台影响力的重要指标之一。同时,用户思维导致了跨界思维的产生,它表明互联网发展使得许多产业的边界变得模糊,如销售、金融、图书、娱乐、交通和媒体等现在可能都是一个整体。也就是说,在互联网影响下,今天我们正面临着一个跨界的时代,每一个行业都在整合,都在交叉,都在相互渗透,如原来你一直获利的产品或行业,在另外一个人手里,可能就变成一种免费的增值服务。未来的竞争,不是产品的竞争、渠道的竞争,而是资源整合的竞争,终端消费者的竞争,谁能够持有资源,持有消费者用户,不管他销售什么产品、销售什么服务,都能够以盈利来保证自己的利益,使自己立于不败之地。所以,企业应根据自身条件,基于互联网思维不断创新商业模式来抓住终端消费者,其中互联网思维的商业模式主要体现在战略定位、资源整合、盈利模式、营销模式、融资模式和价值创造六个方面。

一、战略定位

战略定位就是将企业的产品、形象、品牌等在预期消费者的头脑中占据有利的位置,是一种有利于企业发展的选择。对于企业而言,战略是指导或决定企业发展的全局策略,需要回答四个问题:企业从事什么业务;企业如何创造价值;企业的竞争对手是谁;哪些客户对企业是至关重要的,哪些是必须放弃的。这些年很火的一个网络鲜花品牌Rose Only,它的品牌定位是高端人群,买花者需要与收花者身份证号绑定,且

每人只能绑定一次,意味着"一生只爱一人"。2013 年 2 月上线,8 月做
到了月销售额近 1000 万元。所以说品牌定位也要专注,给消费者一个
选择你的理由,一个就足够。大道至简,越简单的东西越容易传播。专
注才有力量,才能做到极致。尤其是在创业时期,做不到专注,就没有可
能生存下去。

众所周知,企业要做好正确的战略定位至关重要。正确的战略定位
能明确企业的发展方向,能更好地发挥企业优势,能使企业更好地适应
市场环境的变化,确保企业在市场竞争中保持差异化的竞争优势。由此
可见,战略定位决定企业成败。数字信息时代的到来,企业面临巨大挑
战的同时,也迎来难得的机遇。为此,企业只有把握好正确的战略定位,
以差异化应对竞争,才能在移动互联网蓝海中站稳脚跟。

(一)与时代共舞

2013 年,云计算、物联网、无线通信、数字家庭、电子商务等领域的技
术创新和广泛应用,引燃智能终端、数字内容、互联网等领域的投资和消
费增长热潮,计算机、微电子、软件、互联网等新一代信息技术加速向泛
在、智能和高可信方向发展,并与行业应用深度融合,日益成为推动"新
工业革命"的关键。

以移动信息技术为核心的移动革命浪潮给人类社会带来了极大的
改变,其中,最具挑战性的是商业模式面临系统性的变革。近年来,移动
通信技术与信息技术的融合使移动信息技术成为革新商业模式乃至改
变整个产业链结构的中坚力量。

第一,移动信息技术加速了产业链的价值创造与运行效率。城乡商
业企业与商品和服务提供商之间的价值关系的控制直接影响企业商业
模式,进而影响整个产业链的价值创造和运行效率。产业价值链的变
革,拓宽了产业边界,使移动信息技术应用到各个领域。面对差异化的

消费需求,企业必须构建全新的产业链及价值链来进行业务运营和价值获取,并加强产业价值链上下游企业环节间的合作,将其自身的信息整合能力与其他参与企业的各种互补性资源紧密结合,进而有效地加速产业链的价值创造和运行效率。如联想帮助可口可乐将移动信息技术应用到其销售管理系统中,将塞班平台迁移到安卓平台,建立了全新的移动基础销售平台,满足了业务代表在走访中使用移动互联设备的需求,使业务流程变得更加高效。

第二,移动信息技术提升了企业的顾客价值及商业价值。顾客价值决定商业价值,是商业模式的价值源泉,移动信息技术大大缩短了企业与顾客之间的距离,迫使企业将环境因素与顾客因素整合起来,并且引导顾客广泛参与到企业新产品开发中,使产品特性与顾客偏好相吻合,这样企业也就更容易有机会以创造产品和提供服务作为支撑点来获取超额价值。

第三,移动信息技术促进了企业经营管理模式创新,赋予了商业模式新内涵。移动信息技术的飞速发展促进了企业一系列管理方法及流程的开发,使企业拥有更加灵活、柔性的生产方式和电子化的经营管理模式。移动信息技术改变了企业经营管理方式,使之摆脱了常规的交易模式和市场局限,使运营机制更为高效、协调的同时,扩大了新的销售渠道,形成了新的管理职能,为企业创造了更多的价值。如2010年苏宁电器的B2C网购平台"苏宁易购"正式上线,形成以自主采购、独立销售、共享物流服务为特点的运营机制,网购平台与实体店面虚实互动为消费者提供产品资讯与服务。

(二)产业聚焦

由于互联网技术的不断发展、电子信息技术的日益成熟,移动信息技术在企业发展中的影响日益显著,移动信息技术的发展对企业的生存及发展提出了新的要求——企业要聚焦。这里的聚焦是指企业从自己擅长的产业开始,借助互联网思维去颠覆原有的商业规则。

在21世纪这个充满竞争的时代,聚焦变成一种动力,它可以缓解竞争程度并树立公司的行业领导地位,聚焦不是奢侈品,它是未来商业组织的必要元素。也就是说,想要赚钱就必须聚焦。企业在发展的过程中,迟早会遇到这样的问题——是跟随市场推出新产品,还是坚持原来的聚焦,抑或是开发新品牌来适应市场的变化? 跟随市场推出新产品是失败策略,因为其最终导致企业失去聚焦,但多数企业会采取这种策略,理由是它们认为跟随市场变化比保持聚焦更重要;坚持原来的聚焦有可能成功,因为这样保持了公司原有的聚焦;开发新品牌来适应市场的变化也可能成功,因为企业建立了一种多梯级聚焦。从世界各大公司的繁盛与衰败看来,企业理应坚持单一聚焦战略,但为了保持单一聚焦,企业应该考虑在产品系列上增加新的梯级,而不是在一个梯级上增加新的产品。

划分聚焦梯级的方法很多,最关键的是要保持一致性,尽量避免梯级之间的相互重叠。为了避免这一困境,大多数企业的做法是让全部梯级聚焦于一种产品的属性。如价格,这是最常见的梯级,最佳诠释就是汽车行业,有高档车、中档车和低档车之分,且价格的跨度也较大,也不会出现重叠。

(三)专注思维

互联网思维不只适用于互联网企业。很多企业认为互联网思维只和互联网企业相关,只要自己的企业与互联网无关,企业的发展也就无须考虑互联网思维。很明显,这种观点是错误的,包括一些传统行业的企业,无论是海尔还是海底捞,都可以用互联网思维去改造自己的企业,逐步实现数字化。但很多企业看似开始数字化进程,但思维还处在农耕时代或者工业时代,没有互联网、数字化的真正意识和思维。

在这个信息技术蓬勃发展的时代,越来越多新兴企业凭借某种优势迅速成为该行业中的翘楚,这并不是因为它们的运气好,而是因为这些企业懂得如何运用互联网思维。互联网思维的本质在于用户,怎样利用用户价值来创造企业价值是每个互联网企业所必须思考的问题,同时好的产品也是互联网思维的关键,没有好的产品,再好的噱头也没有用。

传统企业今天面临的最大问题是与用户的距离过远,接触用户的方式不够实时化,交互体验做得不够,没有真正地思考如何运营用户和构建粉丝经济。因此,建立以用户为中心的基于社群的创新和营销才是值得关注的,企业可以通过互联网上的很多方式来实时接触用户,例如发起社区让消费者参与产品研发的讨论,或者是开设电商平台来看消费者如何选择产品。但是,这一切的根本是用户,这也是互联网带来的最大价值。

好的产品仍然是互联网思维的关键。很多传统企业认为,数字信息时代只要有好创意,再平庸的产品都可以流行,只要有眼球,用户不会去计较产品品质,这是一种片面的理解。一个产品可以利用互联网不断制造吸引眼球的东西,甚至可以 365 天都制造噱头。但是万丈高楼平地起,没有夯实的地基,只有空中的炒作,很难支撑持续的消费。专注互联网思维应该从以下几个方面进行:

第一,标签思维。如果问一个人,腾讯在你眼中代表什么? 答案很可能是:社交方便。这就是腾讯的标签,在这个数字信息时代,用户面临的选择如此之多,一个企业若没有标签产品,也就失去了竞争力。专注思维所强调的专注,是要化繁为简,给企业明确的定位,让企业专注于一个标签。一个没有标签的企业等同于没有定位,同时一个有多个标签的企业也等同于没有定位。所以,在数字信息时代,企业所有的改进都要从标签开始,不管企业的最终定位是什么,都要将标签思维进行到底,如果QQ在最早的时期内没有坚持熟人社交，也许占领通信市场的就不是这只企鹅。并不是只要做好了核心标签的业务，其他的业务就可以随之扩展，但是所有的扩展业务都必须建立在原有的核心业务上，因为产品标签既定，接下来给用户的印象就是标签业务上的优势，这不仅仅能帮助企业的标签业务获得肯定，而且能挖掘出更多的客户。

第二，简约思维。很多企业为了迎合不同的用户需求设计出很多烦琐功能的产品来吸引用户，最终导致用户忽略了产品的本质。本质是产品的核心，是获取客户最有力的方式。其实少即是多，所谓大繁至简，就是指单一功能能够在同类中做得更好的原则。对于用户来说，太多的重点反而意味着没有重点，只会让核心功能不突出，如百度和谷歌的产品设计就是简单的几个字和一个Logo，外加一个搜索框，正是这样的设计，让用户直接看到了搜索框，从而能清晰地了解产品的本质。

第三，成为第一。在互联网上，由于产品种类太多，所以对于用户来说，每一个标签能够记住其中一个产品已经不容易，被记住的这个产品就已经占据了用户需求的第一份额。如用户需要搜索，就会打开百度的界面，第二、第三的用户量显然不能与第一相提并论，也就是说，在互联网行业，第二、第三虽然还能生存，但所占市场份额已经相当小了。

（四）连接用户

过去，无论是哪种方式的传播，都带有一种片面的单向性。随着互联网的出现，人们在互联网上可以自由地发表个人关于某种产品的评论，对媒体等发布的产品消息可以在第一时间发表自己的看法，并可以通过朋友圈的互动，如微博、微信将该评论无限传播出去，且这种传播的效应是巨大的，这就是为什么数字信息时代的商业模式将"用户至上"作为其关键特征之一。

在传统的商业观念里，一般的企业是没有"用户"这个概念的，它们的概念是"客户":谁买了我们的东西,谁向我们付钱,谁就是我们的客户。但在数字信息时代,所有成功的商业模式都不仅仅是在考虑"客户",更多的是在考虑"用户"。"用户"就是使用你的产品或者服务的人,但他们未必向你付费,也未必是购买你的产品的人,他们可能是在用一些你甚至认为不重要的、免费的服务,或是一些边缘的产品。如微信颠覆了移动城乡商业企业,时至今日,微信始终是横在移动城乡商业企业和用户之间的一条横沟,它产生了免费短信、免费发照片这样免费的体验,这才是对移动城乡商业企业沉重的打击。从收入来看,移动城乡商业企业可能只是降低了5%或者10%的收入,但从互联网思维来看,它丧失了很多用户——虽然未必是很多客户,但是哪怕这些用户是使用免费的服务,他们也将会变成另外一种商业模式的价值。

一般来说,企业可以从以下几个角度来进行用户定位。首先是客户的角度,这一角度又分为两个层次:第一个层次是公司提供的产品或者服务要建立在客户实际需求的基础上;第二个层次是公司的产品或服务能够向客户提供额外的价值。其次是竞争者的角度,即公司提供的服务或者产品能有效地区别于竞争者,为客户创造出独特的价值。最后是心智的角度,即公司提供的产品或服务已经进入用户的心智,形成品牌。

互联网商业模式中的"用户至上"的用户定位并不是基于客户或竞争者的角度,而是基于用户心智的角度。互联网的时代特征增加了用户与企业之间的联系和沟通,同时也埋下了一颗巨型炸弹——只要竞争者能提供更好的产品或服务,用户会在第一时间毫不犹豫进行转移。只有进入用户的心智,企业才能绑定用户,从而创造价值。人的心智是海量传播的防御物,屏蔽、排斥了大部分的信息,并且只接受与以前的知识与经验相匹配或吻合的信息,心智一旦形成,几乎不可能改变。企业所提供的产品或服务一旦进入人的心智,将给企业带来巨大的经济效益,因为在今后购买相同性质的产品或服务时,人们第一想到的永远是进入人心智的产品或服务。

企业可以从产品价值链的角度出发,通过互联网上的多种方式来连接用户。企业可以通过网站、应用软件、手机客户端等不同的方式连接用户,获得用户在流程的各个环节上关于产品、服务的意见或建议。企业再将从用户身上获得的信息,恰当地运用到用户身上,如企业在官方网站上设置卖家评论或意见反馈环节。通过这些信息衍生出的商机,可以帮助企业创造新型的组合资源,全面提高顾客的满意度,使顾客愿意付出较高的成本给企业以补偿。

此外,互联网技术使用户能够参与到企业的生产经营决策活动当中。这种新的生产方式极大地满足了用户个性化需求,提升了用户感知价值。用户能够随时随地通过手机、平板电脑等移动设备方便而快捷地参与到产品生产及服务提供的全部过程中来。用户还会获得更多关于新产品的知识,有利于用户接纳新产品。用户参与创造还会增加好奇心与操控感,也会增强对品牌的认同感,最后凝聚成用户与企业及其产品之间深厚的情感。

最后,有很多传统企业一想到互联网营销,首先想到的是如何发个微博、做个微信、开个电商平台,很多时候却不去研究,到底自己的消费者在哪些互联网空间中出没,在这些平台上的行为是什么?数字信息时代的信息传播速度加快,信息越来越透明,"闭门造车"的风险更大。现在,每个消费者在自己的朋友圈就能了解很多信息。企业可以利用互联网方式和思维来吸引用户,例如发起社区让消费者参与产品研发的讨论,或者开设电商平台来看消费者如何选择产品,可见,这一切的根本是用户,这也是互联网带来的最大的价值。

(五)平台战略

互联网为平台商业模式的发展提供了前所未有的契机,让其以令人难以置信的速度和规模席卷全球,平台模式深入群众的生活,出现在各种产业中,包括社交网络、电子商务、快递行业、信用卡、第三方支付、在线游戏、房地产开发等,目前在全球最大的100家企业中,有一半以上企业的主要收入源自平台商业模式。

新浪网前执行副总裁陈彤曾说,未来商业模式的竞争,主要是平台的竞争。平台商业模式是指连接两个(或更多)特定群体,为他们提供互动机制来满足所有群体的需求,并巧妙地从中赢利的商业模式。然而一个成功的平台企业并非仅提供简单的渠道或中介服务,平台战略的精髓在于打造一个完善的、成长潜能强大的"商业圈"。

平台商业圈构建的首要步骤是定义双边(或多边)使用群体。性质不同,平台企业连接的群体也会不同,如淘宝网的买家与卖家,前程无忧网的招聘方与求职者等,也有平台企业涉足三方不同的群体,如淘宝原本只连接买方与卖方两个群体,后来又吸收软件开发商为第三方,除此之外,还有更为复杂的平台,其搭建的生态圈包含了四五个群体,甚至更多。由平台模式搭建而起的生态圈,不再是单向流动的价值链,也不再是仅有一方供应成本,另一方获取收入的简单运营模式,而是更为复杂的运营模式,平台中的每一方都可能同时代表着收入与成本,都可能在等待另一方来建立联系,因此平台企业需要同时制订能够纳入多边群体的策略,服务好每一方的使用者,这样才能真正有效地壮大其市场规模。

为了吸引市场群体进入这个生态圈,平台企业为其中一边的市场群体提供费用上的补贴来激起该群体进驻生态圈的兴趣,此群体被称为"被补贴方";反之,平台另一边的群体若能带来持续的收入以支撑平台的运营,这类群体被称为"付费方"。如淘宝网与易趣等电子商务平台的卖家就是付费方,买家则是被补贴方,无须付钱便能登录电子商务平台的庞大数据库。简单来说,补贴就是平台企业对一方群体提供免费(或者普遍低于市场价格)的服务,吸引该群体的成员入驻企业的生态圈。

群体搭建成功以及核心的补贴策略制定后,如何让平台这个商业圈成长起来是一个艰辛的任务,其中的成败关键便是如何运用网络效应。平台模式中的网络效应包括两大类:同边网络效应和跨边网络效应。同边网络效应是指当某一边市场群体的用户规模增长时,将会影响同一边群体内的其他使用者所得到的效应。如开心网,开心网在初创时,仅拥有将近300名种子用户,经过约一年的时间,它通过照片上传、日记发表、留言板互动等功能所产生的涟漪式分享,使得更多的人参与其中;而跨边网络效应是指一边用户的规模增长将影响到另外一边群体使用该平台所得到的效应,如开心网壮大以后,开心网正式开放其平台,允许第三方应用程序的开发商入驻,为此平台的会员用户提供各种功能的使用软件。因此,建立足以激发同边网络效应与跨边网络效应的功能机制,将对平台企业的成败产生决定性影响。

促使平台生态圈成长的网络效应也可能呈现负向,这意味着某些成员的加入会降低其他使用者的效用和意愿。因此,平台企业必须抑制类似情况的出现,避免对平台的声誉、形象造成负面影响。最基本的方式,就是用户身份的鉴定,身份鉴定的目的有多重:在提升用户本身声誉的同时也诱导他们更深地陷入平台生态圈,如新浪微博需要绑定手机号码才能正常使用各项功能,避免有人发表不负责任的言论;第二重目的是让用户成为彼此的监督者,让用户成为彼此的监督者往往比其他方式都有效,因为集合大众意见的结构最具有公信力,如脸书将现实社交状况直接转往线上社群的平台,借助用户间彼此的了解来监控所刊登的信息是否属实。

企业的平台生态圈成长起来后,为避免成员的流失,平台企业理应凝聚各方成员的互动来使他们产生归属感。一方面,一旦平台企业成功唤起用户的归属感,用户黏性将会在无形中大幅提升,而且效果往往比强制性的捆绑有效;另一方面,这些拥有强大归属感的用户,很有可能成为所谓的"意见领袖",自发地表达自己对该平台的钟爱之情,为生态圈带来更多的新用户。

虽然我们已经将企业在构建新兴平台生态圈时必须注意的要点基本罗列清楚,但有一点引起了我们的困惑:平台企业如何盈利?平台商业模式有趣的地方在于,不仅它的商业模式千变万化,连盈利的方式也逐步走向多元化,虽然平台企业的盈利模式随着企业的千变万化而呈现多元化趋势,但是,平台商业模式也存在共通的盈利法则。有效的平台商业模式的盈利方式通常具有以下两大原则:一是平台商业模式的根基来自多边群体的互补需求所激发出来的网络效应,因此若要有效盈利,需找到多方需求引力之间的"关键环节",设置获利关卡;二是由于平台商业模式的非直线性的特征和作为单向价值链中的环节地位,它主要通过挖掘多方数据来拟定多层级的价值主张,进而推动盈利,所以平台商业模式盈利的关键在于"数据开采",也就是有效挖掘用户的行为数据。

在互联网和移动技术高速发展的背景下,不少公司借由平台商业模式取得巨大的成功,如借助微信打通了互联网与通信行业的腾讯公司,从而迅速抵消了来自新浪微博的强大压力,腾讯借助微信打了一个漂亮的"翻身仗"。平台商业模式的精髓,在于打造一个完善的、成长潜能强大的"生态圈",综观全球许多重新定义产业架构的企业,我们就会发现其成功的关键就是建立起良好的平台生态圈,平台生态圈拥有独树一帜的精密规范和机制系统,能有效激励多方群体之间互动,达成平台企业的愿景。

二、资源整合

在战略思维的层面上,资源整合是系统论的思维方式。就是要通过组织和协调,把企业内部彼此相关但却彼此分离的职能,以及企业外部既参与共同的使命又拥有独立经济利益的合作伙伴整合成一个为客户服务的系统,取得一加一大于二的效果。在战术选择的层面上,资源整合是优化配置的决策。就是根据企业的发展战略和市场需求对有关的资源进行重新配置,以凸显企业的核心竞争力,并寻求资源配置与客户需求的最佳结合点。企业在进行资源整合时需注意以下六点:认识企业自身能力、合作双赢的态度、确定整合目标、整合的可操作性、整合的系统性以及经济性。天猫、京东、1 号店之所以能火,是因为它们整合了想开店赚钱的人;滴滴打车、快的打车之所以能获得巨额投资,是因为它们整合了出租车资源;微博之所以能火,是因为它整合了上班工作饱和度低,又不能在办公室扯开嗓子胡说八道的白领。再比如类似租房网、外卖网、订房网⋯⋯都是一条线上的。

在数字信息时代,企业要想决胜于千里之外,需要整合一切可以为我所用的资源,并牢牢控制消费者心智,进而获得可持续发展的市场竞争力。可以说,企业要优化互联网资源,搭建 O2O 平台,连接上游的供应商和下游的消费者,满足多方需求,最终实现共赢,这就是数字信息时代背景下企业新型的资源整合观。新时代的资源整合要注重用户、思维、平台和社会化运作四大板块。首先,在数字信息时代,企业最大的资源就是用户资源。拥有一定数量的忠实用户是企业能否决胜互联网的不二法宝。其次,互联网非常强调资源整合的思维,即捕捉一切可以利用的机会,整合一切可以利用的资源,进而构建企业内在的核心竞争力。再次,构建开发平台,具备"平台思维"能帮助企业以更广的视野、更高的效率进行资源融合。最后,就是社会化运作。互联网让世界无界限,充分利用互联网的力量,让企业以前所未有的速度来获取最大范围的社会化资源。

(一)得用户者得天下

企业资源是指企业在向社会提供产品或者服务过程中所拥有的、控制的或可利用的、能帮助实现企业经营目标的各种生产要素的集合。一般来说,企业资源又可分为内部资源和外部资源。

市场是由什么组成的? 由用户(也称消费者、购买者)和他们的购买力以及购买动机所决定的,所以用户对你的产品到底喜欢不喜欢、愿不愿意购买至关重要。在数字信息时代,企业最大的资源不是企业内部的有形或无形的资源,而是外在的看得见摸得着的用户资源。小米创业初期在研发 MILI 操作系统时,从 1000 个资深用户中选出 100 个作为超级用户,参与 MICA 的设计、研发、反馈。这就是小米用户体验的开端。从"为发烧而生"到"让用户尖叫",小米推崇至上的用户体验和狂热的粉丝经济学,不但赢得了大批用户,衍生而出的口碑营销更节省了一大笔广告费。

可以说,用户是企业最为宝贵的无形资产,得用户者得天下。当一个产品获得了足够多的用户时,产品所拥有的话语权和在行业的地位就会随之提升。互联网企业为什么能够参与乃至赢得跨界竞争? 答案就是:用户! 互联网打破信息不对称,使得信息更加透明化,用户获得更大的话语权。可以毫不夸张地说,互联网思维的核心就是用户思维,产品设计、极致用户体验和口碑传播等都离不开用户的参与。

但用户参与并不是简单地建设社区和论坛,而需要整个企业的管理模式、研发模式、技术架构等都适应这种新的模式。在新的形势下,要求企业在更高层面上实现"以客户为中心",不是简单地听取客户需求、解决客户的问题,更重要的是让客户参与到商业链条的每一个环节,从需求收集、产品构思到产品设计、研发、测试、生产、营销和服务等,汇集用户的智慧,企业才能和用户共同赢得未来。

不少企业都掌握着行业的话语权,他们具有用户思维,能够站在用户的思维上去打造产品,自然获得很多的用户,让很多外界资源也愿意为自己所用。也就是说,企业能获得较高的地位,资源优化也会变得相对容易。阿里巴巴、腾讯相继开设金融服务,都是因为这个道理。

随着移动互联网不断变革,资源的整合也会逐渐增多。在竞争至上的行业里,不是上游控制下游,就是下游进军上游,竞争和合作随时存在,而不管是掌握了话语权的大企业,还是初创团队,以用户为基础,迅速抢占入口,才是王道。

(二)互联网资源整合

在这样一个扁平世界里,企业要想拓展市场必须走整合资源之路。正如 IBM 公司 CEO 彭明盛在美国《外交》杂志上发表《全球整合企业》一文时所说,"跨国企业"已经过时,现在已经步入"全球整合企业"时代。在整合经济的时代,不见得有了核心技术和核心产品,这个企业就有竞争力。真正的核心竞争力是企业进行资源整合的能力。谁具有更强的资源整合的能力,谁就拥有无可争辩的竞争力。

数字信息时代来临,很多行业和产业都表现出更加强大的先破坏再建设的力量,很多行业已经被互联网所颠覆。网络的兴起又打破了时间、空间和地点的界限,为企业全方位的资源整合提供了既是机会又是挑战的条件:在移动互联网时代,任何环节的信息交流均会被加速,互联网改变了信息传输的效能;互联网资源整合思维需要企业以前所未有的速度,站在用户的角度快速整合互联网上的一切资源,实现快速成长。

第一,快速——不是大鱼吃小鱼,而是快鱼吃慢鱼。互联网的魔力,在于把一切数据化、信息化,同时将信息、设备、人、企业等各种类型的事物连接在一起,并且以之前完全无法想象和比拟的程度进行高频的互动、复杂的计算和海量的信息交换。面对互联网、移动数字信息时代,很多企业家都有一种向前追赶的焦虑。

互联网整合思维对企业最大的帮助就是能够让企业实现一个项目的时间更加快速。如果企业想要独立承担一个项目,聚集需要的人员、设备可能比整合资源困难得多。同时,外部资源是开放的,任何商业模式在信息透明的数字信息时代将很快被复制,只有基于在同等商业模式上效率的竞争才会维持企业的发展。

第二,一切可能的资源——众生皆可为我所用。既然互联网打通了全球的信息传输,那么企业的外部资源是可以在更大的范围内进行筛选的;从耐克在全球整合生产资源到 ZARA 在全球整合设计资源,从 IBM 当年因为外包而击溃苹果的硬件部门,再到谷歌因为长尾而建立的广告帝国。我们可以看到,不仅任何硬件资源可以全球采购,信息资源同样也可以进行跨区域的组织,这就要求企业以立体的视野去寻找适合自己发展的资源。2014 年提到最多的"平台运作""云运营",就是指整合所有资源为企业所用。

越来越多的家电、汽车等传统设备企业都提出了智能化、连入互联网和云端化。所谓云端化,就是将设备的控制逻辑和人工智能的处理设在云端,通过大数据的方式进行处理,再结合价值链中不同的供应商、服务商来服务用户。这样很多传统行业都将被重塑或者改造。

此外,可整合的资源还包括竞争对手。2014 年 4 月同程网、艺龙网结为"攻守同盟"半个月后,"行业龙头"携程网突然宣布斥资超 2 亿美元入股同程网,并正式宣布投资 1500 万美元入股途牛网,一日之间,携程网入股同行竞争对手的消息令业内大为震动。之前同程网与途牛网分别在景区门票及在线休闲旅游市场中与携程竞争,通过此次资本合作,同程网、途牛网和携程网将聚焦各自优势,产生差异化:携程网专注景点门票的预付业务,同程网专注景点门票的现付业务;途牛网是在线跟团游市场第一,携程网则是在线自助游市场"大哥";途牛网以出境游为主,携程网更多偏重国内游;途牛网是采购线路,携程网主要是自己设计线路等。通过资源整合和业务协同,各方的恶性竞争将会减少,利于行业良性发展。

（三）资源整合的关键点

企业资源整合必须围绕某一目标而进行，把分散的资源和各不相同的方法，甚至是性能完全相反的方法，根据有序的原则进行调度、组合、配置，从而把许多看似零散、分割的资源予以重新排序、取舍，使资源发挥出最大的效能，产生最佳效果。在未经组合前，企业所具有的各种资源、方法往往是杂乱无章、零打碎敲的，无法形成资源的有效配置，不能产生资源合力。其结果是，或漫无边际过多地投入了资源，使资源利用不经济；或无法形成资源的有效组合，不能产生资源合力。

互联网技术推动了一个全新的经济形态的产生，互联网成为整合资源的平台。互联网是开放的系统，不仅其本身具有独特的资源整合优势，而且还能成为封闭系统整合外部资源的平台。未来的竞争，不再是产品和渠道的竞争，而是资源整合，是最终的消费者层面的竞争。从柯达到索尼，从诺基亚到苹果，从金山毒霸到卡巴斯基再到 360 杀毒软件，从李宁关店到苏宁易购再到淘宝年销售 10000 亿元，这就是跨界整合的结果。一个你认为获利的产品或行业，跨界到另一个企业手里，可能就变成了免费的增值服务，这就是整合资源、交叉资源和移动互联网跨界的结果。

那么，资源整合有这么简单吗？资源整合的关键点究竟在哪里呢？笔者认为主要有以下三点，即资源整合思维问题、资源整合能力问题、资源整合操作问题。

1. 资源整合思维问题

资源整合是基于传统思维还是互联网思维，这是一个需要注意的问题。传统思维下企业是有边界的，企业资源整合不外乎是将企业一切可利用的内外资源为我所用，不断发展壮大自身业务。而互联网思维下的企业则是无边界的，不仅解决的是如何利用资源，更重要的是整合线上与线下资源,解决矛盾,实现 O2O 模式。

O2O 被公认为移动互联网领域最具潜力的发展模式之一。很多人都明白O2O 就是把线上线下联合起来,以获得更大的利益。但具体怎么融合,却没有一个定性的说法。无论是电商企业,还是传统实体公司,大家都看到了将线上线下融合起来的巨大前景。O2O 更是重构线下价值链的必选之路,蕴藏着无限商机。但是线上与线下的融合并不是件简单的事,如果措施得当,两者能实现互动共赢;如果做得不好,很有可能会面临左右手互搏的困境。

传统行业的经营者认为,线下追求盈利,谈规模、代理等,利润为主,却受区域所限。而线上谈的全网的用户量、用户体验、用户价值,收益,无界限。从根本上来讲,二者的思维模式完全不同,线上无界限运营更是严重冲击了线下代理商的利益。只有通过资源的有效整合才能真正消除资源壁垒,打通线上线下融合渠道。具体的操作模式,整个行业都仍在摸索中。互联网思维真正需要的是不断创新,促进 O2O 向前发展。

对于风生水起的电子商务浪潮,无论是中小型企业,还是国内外大型企业,都无法等闲视之。事实上,很多企业已经积极行动起来,试图在线上市场分到一块蛋糕。苏宁等家电零售商推出了网上商城,而与苏宁一样越来越重视电子商务渠道的企业还有很多。平均每天纯利润达到2亿元的中国移动这些年更是在大力推广自己的电商渠道,希望可以尽快将自己的业务通过移动互联网进行销售。

然而,目前企业涉水电子商务时面临着一个尴尬的问题:网络拥有独特的营销魅力与庞大的市场潜力,如果不发展线上渠道,很有可能被竞争对手甩在身后。可是传统的线下渠道竞争已经很激烈了,再发展线上渠道的话又会冲击自己苦心经营的线下渠道体系,传统的线下渠道可是它们目前的安身立命之本。

线上渠道与线下渠道的冲突主要体现在两个方面:对消费者的争夺

和价格的冲击。

第一，对消费者的争夺。线上渠道对线下渠道的冲击首先是对消费者的争夺，这也是造成冲突的本源。由于网络传播的快速、便利，以及中间环节简化带来的价格优势，使得线上渠道作为新兴的渠道模式在吸引消费者的同时自然也就造成了对传统渠道的挤压。

第二，价格的冲击。由于网络营销传播的特性和优势，线上渠道销售的商品由于物流和仓储成本极低，也无须负担昂贵的营销成本，导致同样产品在线上售卖的价格比线下零售店的便宜很多。来自淘宝的数据显示，网上开店和传统物流相比，店主可以节省 60% 的运输成本和 30% 的运输时间，营销成本比传统的线下商店降低 55%，渠道成本可以降低 47%，综合上述成本因素考虑，同样的商品在线上和线下渠道的价差约在 20%～30%。20% 的差价足以让线下渠道产业链产生巨大的动荡，传统线下渠道商苦心经营的实体店系统和存货管理，在线上渠道的冲击下毫无还手之力。这是非常可怕的，也是线下渠道商们反应最激烈的症结所在。

无论是对消费者的争夺，还是价格的冲击，这些归根到底都是利益的冲突。所以，涉足电子商务的城乡商业企业，目前急需解决的主要矛盾也是如何平衡线上渠道与线下渠道的利益冲突。

2. 资源整合能力问题

资源并不能自动产生竞争优势，要想让资源能够产生竞争优势，形成企业核心竞争力，就必须对不同类型资源进行有效整合。资源整合是一个动态的过程，对于一个企业或组织来说，必须学会将与企业战略密切相关的资源融合到企业的核心资源体系中来，这项任务伴随着企业的整个生命周期。在企业的整个资源体系中，资源整合始终处于一个非常关键的位置，它是创造新资源、提高资源使用效率和效能的前提。因此，企业资源整合能力，即在企业生产经营活动过程中所具有的选择、汲取、配置、激活和融合企业不同种类型资源的能力,将决定企业资源的效能能否得到充分有效的发挥,亦将影响企业竞争优势。根据以上论述可知,企业资源整合可分为宏观战略和微观战术两大层次,以下分别从宏观战略层次和微观战术层次来探讨企业资源整合能力。

(1)宏观战略方面,企业资源整合应具备两大能力:一是重建"游戏规则"能力;二是战略预见能力。重建"游戏规则"能力是企业资源整合能力在宏观战略层次上的重要内容之一,表现为企业利用企业内外资源、新旧资源、个体与组织资源以及横向纵向资源等所具有的打破原有僵化的"竞争规则"的能力。在商业圈,三流企业卖产品,二流企业卖品牌,一流企业卖技术,超一流企业卖标准。超一流企业不是以顾客而是以竞争对手和协作厂商为核心导向的。"游戏规则"决定了一个企业的竞争地位,谁控制和垄断了某行业的"游戏规则",谁就能够取得超额利润。重建新的"游戏规则"能给企业带来新活力、新思想和新措施,也能给企业创造一个新的"超额利润区"的机会,这种新的"游戏规则"意味着创造该行业各项活动的新结构,或者改变该行业活动的价值链。

企业还需要具有战略预见能力,所谓战略预见能力通常表现为对环境变化及趋势,组织存在的问题、潜力、优势和劣势及其转化的洞察力、应变力和预见力。较强的战略预见能力,可准确地预测顾客需求变化及所在行业竞争或合作的焦点所在,也可有针对性地决策配置何种资源,配置多少资源,从而能够充分发挥企业资源的使用效能。其中,洞察力是一种从不同类型的信息中获得知识的能力,也就是明确如何从信息中获得知识的能力,它是一种特殊的思维能力,具有较强洞察能力的人,在没有手段直接观察到事物内部时,可以根据事物的表面现象,准确或者比较准确地认识到事物的本质及其内部结构或性质。应变力是一种为适应不断发展变化的内外环境,审时度势地对原先的决策做出机智果断的调整的能力,要求不例行公事,不因循守旧,不墨守成规,能够从表面

"平静"中及时发现新情况、新问题。预见力是通过分析判断并借助于想象来推测未来的一种能力,它需要我们不断学习,丰富我们的知识,拓展我们的视野,提高我们分析、把握问题的能力及创造能力。

(2)微观战术方面,企业需要具备资源的置换与配置能力和激活与融合能力。其中,置换与配置能力是企业在构建竞争优势过程中所具有的汲取、凝聚、配置资源的能力,既涉及企业的内部关联状况,又涉及企业的外部环境条件,它主要表现在有效置换及配置的资源数量、质量及其结构合理性等方面。任何一个企业都不可能具备所有类型的资源,或者说不可能充分地具备所有类型的资源,这就要求企业具有汲取企业外部稀缺资源的能力。任何资源不可能自动产生竞争优势,需要企业采取相应措施与政策激活,诸如人才等资源,从而发挥资源的使用效率和效能。任何一种企业资源结构的合理与否都与特定的时期、特定的环境紧密相连,因此,企业的资源整合是长期性的,只有随着外部条件的变更及时地对企业的内外部资源结构进行调整,才能使企业长久地保持竞争优势,更好地实施竞争战略。因此,企业必须围绕核心业务和核心竞争能力来提升资源置换及配置能力,同时置换及配置能力的提升又将促进核心业务的增长和核心竞争能力的提高。因此,企业必须着力提高资源置换及配置能力。

另外就是激活与融合能力。激活与融合能力是企业如何充分发挥资源的效益和效能的一种能力。市场竞争优势常常属于那些善于整合资源的企业。一个成功的战略必须与好的战略实施相配合,才能使企业走向成功的彼岸。在现实中,企业的资源与企业的地位之间的关系并不是完全对称的。即资源有限或匮乏不一定是获得全球领先地位的障碍,资源充裕也不一定能保障持续享有领先地位,其中,《财富》杂志全球**500**强企业更迭的事例就有力地证明了这一点:像通用汽车公司、大众汽车公司、西屋电器公司、国际商用机器公司、施乐公司和得克萨斯仪器公司这些似乎不可战胜的全球著名的公司,偶尔也不得不屈居下风。其中缘由就是不同企业在运用资源过程中的激活与融合资源能力存在差异。因此,通过高效地组织协调企业资源,提高企业资源的激活与融合能力,发挥企业资源的效率和效能,进而形成与其资源不完全相称的强大的竞争优势。

3. 资源整合操作问题

资源整合思维也好,能力也罢,主要还是资源整合实际运作问题。那就是如何更好地解决资源整合的实际问题,即四大整合:内部资源与外部资源的整合、个体资源与组织资源的整合、新资源与传统资源的整合以及横向资源与纵向资源的整合。

第一,内部资源与外部资源的整合。有人认为,企业核心竞争力就是整合企业组织内外部资源的能力。这里强调的是一种整合资源的能力。一方面,企业要识别、选择、汲取有价值的、与企业内部资源相适应的诸如隐性技术知识等外部稀缺资源,并使这些资源融入企业自身资源体系之中;另一方面,企业实现外部资源与内部资源之间的衔接融合,激活企业内外资源,从而能够充分发挥内外资源的效率和效能。

例如沃尔玛成功收购1号店,就是企业内外部资源整合的最佳案例。作为老牌的传统零售商,沃尔玛在中国国内电商道路上显得非常迟缓,仅仅是旗下的山姆会员店在小范围地试水,现成的电商1号店,可以作为沃尔玛电商业务踏出坚实的一步,并利用已有的线上运营经验,加快拓展步伐,而1号店也借助母公司强大的采购能力,在2014年掀起一轮又一轮的活动热潮:生鲜大战、世界杯啤酒大战等。

第二,个体资源与组织资源的整合。企业资源整合还要考虑个体与组织资源的整合。一方面,零散的个体资源进行系统化、组织化,能够不断地融入组织资源之中,转化为组织资源;另一方面,组织资源也能够被迅速地融入个体资源的载体之中,激发个体资源载体的潜能,提高个体资源的价值。

微博就是很好的诠释。规范来讲,它是一种基于用户关系通过关注机制分享简短实时信息的广播式的社交媒体、网络平台,并允许用户通过 Web、Wap、Mail、App、IM、SMS、PC、手机等多种移动终端接入,以文字、图片、视频等多媒体形式,实现信息的即时分享、传播互动。微博实际又是微小的博客,每条不能超过 140 个文字的小型信息,以草根化、个体化和碎片化的独特姿态,受到人们的热捧。微博成为创建和整合信息的良好平台。一方面,单个用户可以随意发表各种信息,而众多的信息被各种有效的规则进行汇总、分类、关联,你可以筛选、关注感兴趣的信息;另一方面,微博允许用户复制转发信息,让某些信息获得组织内极大的传播。根据微博发布的 2019 年第一季度财报,截至 2019 年 3 月底,微博月活跃用户达 4. 65 亿人,与去年同期相比净增长约 5400 万人,日活跃用户同步增至 2. 03 亿人。微博商业化稳步推进,2019 年第一季度营收达 26. 8 亿元,同比增长 21%。其中,微博品牌广告收入增长达 39%。

第三,新资源与传统资源的整合。新资源可以提高传统资源的使用效率和效能,反过来传统资源的合理利用又可激活新资源,促进隐性技术知识等新资源的不断涌现,如此循环反复、螺旋上升。例如,传统企业完全登上互联网,并且了解移动互联网的特色,构建了智能型的企业主体,从而进行传统资源和新资源的相辅相成,从而诞生一个新的商业模式。在这种模式下,企业主体的运作加快了速度,从而达到发展速度的提升。简单来说,这种整合使得商业模式中的每一个元素都具备了互联网的特色。

苏宁易购是目前较为成功的新资源和传统资源结合的企业。苏宁作为老牌的传统家电连锁品牌,旗下有 3000 多家实体店。2005 年苏宁从南京开始电商试水,目前苏宁易购已经远远抛开当时同时发展的国美库巴网,成为继天猫、京东后的又一个 B2C 专业销售 3C、空调、彩电、冰洗、生活电器、家居用品的网购平台。苏宁易购的发展过程,是新资源和传统资源相辅相成的过程。苏宁易购依托苏宁多年的品牌优势、上千亿元的采购规模优势、遍及全国30多个省1000多个配送点和3000多个售后服务网点的服务优势,以极快速度获得平台化的发展,在线上获得的用户操作思维,有助于不断改善线下实体店的服务。根据苏宁易购2019年发布的半年度报告,在消费市场弱复苏的环境下,苏宁易购营业收入依然实现超两成的快速增长。2019年1—6月苏宁易购营业收入为1355.71亿元,同比增长22.49%,同期归母净利润为21.39亿元。

在业务布局上,苏宁易购加大推进全场景、全品类零售布局,加快社区、农村市场下沉,强化社交、社群运营,均取得明显效果。截至2019年6月底,苏宁易购合计拥有各类自营及加盟店面7503家,苏宁小店及迪亚天天自营店面合计5368家。在线上,苏宁社交运营有效地提升了获客能力,降低了广告促销费率。截至2019年6月底,苏宁易购零售体系注册会员数量达4.42亿人。根据2021年1月29日苏宁易购发布的2020年度业绩预告,苏宁易购实现营业收入2595.62亿元。仅就苏宁易购零售云加盟店拓展速度而言,发展迅猛,全年销售规模同比增长超过100%并实现盈利。苏宁易购的发展,既是传统企业与互联网有机结合的一个缩影,也是平台电商成功的典型。其发展再次让业界认可,苏宁易购是个不折不扣的电商领先企业。

第四,横向资源与纵向资源的整合。横向资源是指某一类资源与其他相关资源的关联程度,纵向资源是指某一类资源的广度和深度方面的资源。它们的整合,对于建立横向资源与纵向资源的立体架构具有十分重要的意义。

(四)资源整合需注意的问题

数字信息时代给企业的资源整合带来了前所未有的机遇和发展助

推器,然而,并不是每个企业都能行之有效地利用互联网资源,对企业加以资源整合。整合互联网资源是一个动态的过程,企业在进行资源整合时需注意以下六点:认识企业自身能力、合作双赢的态度、确定整合目标、整合的可操作性、整合的系统性以及整合的经济性。

1. 认识企业自身能力

企业资源整合是一项企业战略决策,主要是随市场的变化而对企业的各种资源进行整合与优化。这就要求企业能清晰认识企业自身的能力,特别是资源整合能力。根据企业资源论的假设,企业具有不同的有形和无形资源,这些资源可转变成企业独特的能力。企业是各种资源的集合体。未来的企业不一定看你占有多少资源,最主要是看你的资源整合能力。在数字信息时代,企业边界越来越模糊,企业资源也开始变得无限大。对此,万科创始人王石就意识到,对于企业家来讲,企业应该是一种均衡的资源整合者,就是把各种要素集合在一块创造产品、创造财富。可以说,认识企业自身能力是进行资源整合的第一步。做一个资源的整合者可以取得事半功倍的效果。

2. 合作双赢的态度

合作双赢的态度是企业凭什么去和其他企业合作的基准和胸怀,对其他企业没有利益的整合,其他企业也就不可能跟你合作。作为资源整合的发起人,你必须要做到:让你的合作伙伴先挣钱,然后你挣钱;让你的合作伙伴先发展,然后你发展。这是企业合作双赢最起码的态度。正如英国前首相丘吉尔曾说:世界上没有永远的朋友,也没有永远的敌人,只有永远的利益。在数字信息时代,需要更加注重企业之间的这种合作,通力合作,共谋发展。长虹多媒体产业集团前董事长叶洪林在接受光明家电专访时就表示,对于电视厂商与互联网厂商的合作,长虹一直是保持开放的心态,如果要问是不是在和互联网企业接触,回答是一定的,长虹一直都在与互联网企业谈合作。可见,合作双赢是企业盈利模式的一大基础。

3. 确定整合目标

企业资源整合体现出来的是一种多要素之间的合成能力,通过配置、排序,实现目标所需的各项资源、方法的有效利用。在整合过程中,其核心是目标,只有明确了目标,才能产生整合的效力。企业资源整合必须集中、明晰地围绕目标而进行,只有明确了目标是什么,整合才具有部署的方向,才能取得最佳效果。否则,资源的配置常常是顾此失彼、脉络不清。各种资源、方法未经筛选,难以达到整合的有序,更谈不上产生整合的效果,其根本就是偏离了进行整合的目标,无端浪费了资源,给企业造成危害。

目标是整合的一大原则,有目标才能使资源及方法的配置有的放矢,使整合发挥出应有的作用。但需要注意的是,目标的确立并不是随心所欲的,需要满足三个条件:其一,企业各项能力、企业资源的配置必须满足目标要求;其二,围绕目标而进行的资源整合能形成企业能力、企业资源的整合优势;其三,能够体现整合的目标价值。也就是说,如果企业资源整合无法达到目标要求,无法形成实现目标的优势能力,则需考虑降低目标企望与目标设置。

4. 整合的可操作性

企业资源整合还需要简便易行。一般来说,资源整合可操作性越强,就越有助于企业关注主营业务,实现主业优势,企业资金压力就会更小,企业资源整合的难度也就大大降低。可操作性主要体现为两点:一是资源整合有一个具体可操作的方案,而不只是解决所谓的战略问题;二是资源整合方案是切实可行的,容易整合,这样整合的成功率会大大上升。

特别是在互联网并购中,企业收购是为了更容易整合,否则收购失败也是理所当然的事情。因此,为保证方案的可操作性,重组一般是按先易后难、注重可操作性的原则设计。

就拿企业营销来说，要整合一个项目或整合一个市场，需要通过不同的渠道来把这个做出来，但是接触到的媒体也好，渠道也好，都发生了变化，以前可能是电视、广播、杂志，现在是手机。现在的手段变化了，使用的手段也越来越多。平台的增加，客观上加剧了市场的竞争激烈程度，但也提供了更多的进入市场的机会，可以说机遇与挑战并存。

5. 整合的系统性

企业各项资源往往是零散的、分离的，一旦目标锁定之后，就要把各项资源纳入一个为目标服务的统一体中。所谓资源整合的系统性，就是要把本来分散的资源有所取舍，通过有序的配置，体现出为目标所用的整体效果。整合的系统性要求把各种分离的资源纳入围绕目标而进行的一个整体中来考虑，注重各项资源、方法之间的有机联系。要注意整合过程中容易出现的四个问题：其一，虽然进行了整合，但只是局部的整合，没有整体的整合，各部分之间不协调；其二，整合过程中，材料的筛选是盲目的，使融入整合的许多资源都不能体现出资源的有效价值，资源整合不经济；其三，因为缺少了必须具有的资源项目，整合不够完整；其四，最主要的一点，偏离了目标方向，或离目标太远。

因此，企业资源整合不是一个部分，而是整体，一切资源、方式的取舍、配置，都必须服从整体需要。基于这样的认识，我们得出整合的系统性的两个结论如下：其一，重视企业资源的统筹兼顾，各种资源、方法之间是多元的有机联系，而不是彼此分割的，要注重思维的整体性和连贯性；其二，强调资源整合的有序性，避免出现错序和倒序，重视各资源、方法之间的横向有序和纵向有序，并根据目标实施的轻重缓急，予以有序调度，达到整合的效果。

6. 整合的经济性

说到整合的经济性，首先要知道，企业的资源是有限的，如何使有限的资源发挥出最大的效果,这就需要在整合的过程中,注重资源的可利用性。把握好整合的"度",即"分寸",这是整合的经济性的第一要求。在进行整合思维时,为了提供更多的决策选择,相关的资源和信息当然是越多越好,但在解决问题时,只要能够达到目的,资源利用的成本是越经济越好。

企业资源整合的经济性,要求企业在目标设定和资源配置时,量力而行。有人较为形象地比喻为:"小企业下跳棋,中型企业下象棋,大型企业下围棋。"说的意思是:小企业的资源能力弱,生存问题是最重要的,就要以抓住机会为主,以巧取胜;中型企业有了较为稳定的经营领域,有了相对确定的竞争对手,以注重市场开发、树立产品品牌为主,培育企业的核心能力;大型企业之间的竞争,往往是产业制高点的竞争,占有"先手"是主题。

企业资源的有限性,决定了企业必须采用经济的方法求得自身的发展,然而互联网的出现,一切都将发生改变。很多企业可以非常有效地利用互联网来获取机会。同时,为了实现目标,在整合过程中还会根据需要就资源适当补充。总之,企业根据企业目标的实际需要来考虑整合的经济性。综上所述,资源整合只有密切关注以上六大问题,才能真正做好企业资源整合。资源整合是统一的,统一在企业这一共生体上。在数字信息时代,企业应充分利用一切可利用的资源,对资源加以有效利用,从而产生最佳的整合效果,真正实现向互联网转型升级。

(五)社会化运作

相信很多人都有这样的经历:遇到不清楚的事情,或者很难解决的问题,第一时间到互联网找答案,"有问题,百度一下"不仅仅是广告,还代表了现在人们对互联网的依赖程度。同样,企业经营管理和业务发展,包括资源整合的过程,也需要充分利用互联网的力量。

企业之间的竞争,从某种程度来说,就是速度和时间的竞争。在全世界范围内,互联网的时界和地界变得模糊,不管是世界何处的用户和组织,都能通过互联网联络上对方,无论是通过邮件还是开发平台,只有互联网才能做到这一点。互联网让世界无界限,让企业以前所未有的速度来获取最大范围的社会化资源。于是,出现"众包"这一新型协作模式。

传统模式的社会化运作是将一个复杂的任务由一个公司或者组织完成。而众包和众筹协作,则是制订一个规则,将一个大任务分发给一个社会网络来完成。

中国人寿广东省分公司的万店合作计划就是通过众包模式来进行社会协作的例子。2014年初,中国人寿在全国范围陆陆续续提出百万商户合作计划,即以城市为单位,以现有区域员工为核心,向区域内的个体商户发出加盟邀请。这些合作商户五花八门,有洗车美容店、咖啡店、汽修厂、便利店、药店、美发店、美容店、文具店、健身房、舞蹈室、茶叶店、私人诊所、税务所、律师事务所、家政公司、私立幼儿园、物流公司、换证公司等。只要加盟商户填写相关资料,参加保险培训并通过考试,即可获得中国人寿的特约授权加盟商,通过前期的试点运营,使得当地的人寿业务量和利润快速提升,并逐步扩充其潜在业务来源面。

这次众包协作活动的巧妙之处在于把当地优质的个体商户的潜力激发出来。对于中国人寿而言,充分发挥个体店主具备的天然优势:经营意识和创富意识强、在社区有着较高的信任感、个人热情勤奋,并以较低的人力和管理成本来获取更多的业绩产出。对于个体商户而言,这种跨界经营,能帮助其扩大人脉网络、增加收入渠道、提升经营魅力。

总体来说,中国人寿的这次众包协作有一个明显的协作特征:成就了自己也成就了别人。这也是众包模式和外包模式最大的不同。

三、盈利模式

盈利模式是在给定业务系统中各价值链所有权和价值链结构已确定的前提下,企业利益相关者之间利益分配格局中企业利益的表现;盈利模式是企业在市场竞争中逐步形成的企业特有的赖以盈利的商务结构及其对应的业务结构。基于互联网思维的盈利模式表现在很多方面,如海尔的定制化冰箱,它是按需定制,厂商提供满足用户个性化需求的产品即可。如淘宝品牌"格格",它是在用户的参与中去优化产品,每次的新品上市,都会把设计的款式放到其管理的粉丝群组里,让粉丝投票,这些粉丝决定了最终的潮流趋势,自然也会为这些产品买单。

四、营销模式

营销模式是一种体系,而不是一种手段或方式。目前公认的营销模式从构筑方式上划分有两大主流:一个是市场细分法,即通过企业管理体系细分延伸归纳出的市场营销模式;另一个是客户整合法,即通过确认客户价值核心,整合企业各环节资源的整合营销模式。基于互联网思维的营销模式就是粉丝经济,即让用户参与品牌传播。我们的品牌需要的是粉丝,而不只是用户,因为用户远没有粉丝那么忠诚。粉丝是最优质的目标消费者,一旦注入感情因素,有缺陷的产品也会被接受。未来,没有粉丝的品牌都会消亡。

五、融资模式

从广义上讲,融资也称金融,就是货币资金的融通,当事人通过各种方式到金融市场上筹措或贷放资金的行为。从狭义上讲,融资即是一个企业的资金筹集的行为与过程,也就是公司根据自身的生产经营状况、资金拥有的状况,以及公司未来经营发展的需要,通过科学的预测和决策,采用一定的方式从一定的渠道向公司的投资者和债权人去筹集资金,组织资金的供应,以保证公司正常生产需要、经营管理活动需要的理财行为。目前,从消费到储蓄、从产品到梦想……都被互联网思维以及网络技术深深改变,互联网金融应运而生。互联网金融是指传统金融机构与互联网企业利用互联网技术和信息通信技术实现资金融通、支付、投资和信息中介服务的新型金融业务模式。

互联网与金融业务的融合既诞生出了多种互联网金融业务模式,也通过这些模式积累数据从而为金融领域的科技运用打下基础。广义的互联网金融包含三类参与机构:第一,传统金融机构的互联网化、科技化业务板块;第二,互联网巨头的金融业务板块或主业为互联网金融的机构,例如蚂蚁金服、腾讯 FiT、乐信、宜人贷;第三,金融行业客户占比高的科技企业,如百融云创、第四范式等。

从互联网平台和金融功能两个核心要素出发,目前互联网金融大体可分为第三方支付、网络融资、网络投资和网络货币四种类型。在第三方支付方面,2018 年中国第三方移动支付交易规模达 190.5 万亿元,同比增长 58.4%。2019 年前三季度中国第三方移动支付交易规模达 166 万亿元。人们在日常生活中使用移动支付的习惯已经养成,第三方移动支付渗透率达到较高水平。在网络融资方面,截至 2019 年 12 月底,P2P 网贷行业累计成交量为 8.99 万亿元。2019 年 12 月 P2P 网贷行业的成交量为 428.89 亿元,相比上月减少 77.34 亿元,环比下降 15.28%,同比下降 59.55%。

互联网金融的发展趋势不可逆转,其所具有的云数据、低成本、信息流整合、快捷高效率,无疑会对传统金融业态特别是资产收益率较高的银行业带来严重挑战。互联网金融与传统金融特别是商业银行的相互竞争,客观上会推动金融结构的变革和金融功能效率的提升,拓展金融服务的范围,推动金融产品的创新。

大体而言,互联网金融将在支付功能上具有明显的优势;在资源配置或融资领域,基于平台客户信息和云数据的网络贷款特别是小微贷款,亦具有较明显优势;P2P、众筹等模式由于满足了传统金融难以企及的客户群的融资需求,使金融服务的普惠性和结构化得到大幅提升,因而亦有较大空间。

互联网金融会在不同程度上挤压传统金融特别是商业银行的生长空间。面对这种蚕食式的竞争,传统金融特别是商业银行必须调整策略,广泛运用互联网技术,加快改革和创新,进而在客观上推动银行业的技术进步,加快互联网与金融的全面融合。

六、价值创造

价值创造是指企业生产、供应满足目标客户需要的产品或服务的一系列业务活动及其成本结构,影响价值创造的因素主要包括投资资本回报率、资本成本、增长率、可持续增长率。成立于 2012 年的三只松鼠,同年 6 月在天猫上线。2019 年"双 11"的销售数据显示,三只松鼠最终的销售额为 10.49 亿元,成功突破"10 亿"大关,同比增长超过 50%,销售稳居行业第一,目前成为中国网络坚果销售第一。而高端休闲食品的代表良品铺子同样业绩表现不俗,2019 年"双 11"营业额为 5.69 亿元。2019 年"双 11"天猫交易额最终为 2684 亿元,京东为 2044 亿元。

第五节　数字信息时代经营模式思维创新

一、数字信息时代催生商业经营模式创新

当今世界信息技术日新月异,以新一代移动通信、下一代互联网以及物联网为代表的新一轮信息技术革命,标示数字信息时代已悄然而至。我国互联网正在从单一的信息传播渠道不断向生产、生活领域深度渗透。在这个过程中,传统制造业和服务业企业被不断裹挟进来,并借以提高信息化水平,真正实现转型升级。移动互联时代的到来,企业商业模式创新的步伐也越来越快。

(一)来自互联网的商业挑战

以信息技术和网络技术为核心的第三次科技革命,表明数字信息时代正在颠覆性地改变工业革命所形成的经济形态和增长模式。网络环境的开放性、虚拟性、交互性、平等性与共享性等特征使得人们能够通过互联网与身处不同地域范围的人随时随地进行双向或多向信息交流,由此产生的时空距离的缩短和交易成本的降低使得商业环境发生了巨大改变,企业面临许多前所未有的挑战。

第一,消费者权力上升的挑战。互联网改变了信息不对称的状态,方便了消费者获得市场信息。随着越来越多的产品和服务供过于求,市

场的支配力量逐渐由企业向消费者转移。消费者权力的上升驱动企业资源配置从以工业时代大规模、标准化生产制造过程为中心转向以消费者的需求为中心,原本直线的价值链逐渐向以消费者为中心的圈环式价值创造单元转变,市场部门、研发部门、制造部门等各个价值创造环节都直接与消费者进行对接,企业与消费者实现价值的共创共享已经成为重要发展趋势。

第二,价值个性化的挑战。消费者权利的上升也意味着消费者可以更加充分自由地表达自己个性化的价值主张;互联网打破了传统媒体的垄断,促进了多元价值的传播,推动市场进入价值个性化时代。消费者在社会阶层、价值观念、审美趣味、消费方式等方面的巨大差异得到彰显,大众消费正在向分众消费深入发展,市场正在裂变为难以计数的"碎片","碎片化"的市场反映了消费者个性化的需求,如何应对不断发生的市场裂变,充分挖掘快速裂变的消费者需求,已经成为商业模式创新的关键环节。与此同时,在数字信息时代成长起来的知识员工已经成为企业的主体人群,他们追求真理、不畏权威、独立自主、热心创造,具有实现个人价值的强烈愿望,与企业传统的标准化岗位设置相比,他们更热衷于工作内容的丰富化。如何尊重知识员工个性化的价值,提高他们的生产率,已经成为 21 世纪每个企业必须面对的最大挑战。

第三,网络传播效应的挑战。网络传播有独特的效应和规律,在网络环境下成长起来的一代对社交网络的信任往往超过传统媒体和广告,商品和服务一旦获得网络一代的青睐,需求往往呈现爆发式的增长。一个极端的例子是,当某公司以充满艺术的手法将照片转变为 MTV 音乐视频的服务出现在脸书上时,需求的急剧增长迫使该公司不得不将位于亚马逊网络上的服务器数量从 50 台增加到 3500 台,亚马逊技术负责人对此心有余悸地说:"无论你给我多少资金,我也没有办法在 72 小时内部署如此众多的服务器。"网络时代,好的产品和服务不仅能够创造需求,而且往往是引爆需求,这样的网络传播效应要求企业能够敏捷高效地满足需求,对企业的动态适应能力提出了更高要求。

第四,大规模协作的挑战。数字信息时代是一个大众共同参与经济活动的新时代,从免费的互联网电话到公开的软件资源,再到全球外包平台,这些新的低成本合作的基础设施使得资源整合可以轻易突破企业和国家界限,分布在全球范围的千千万万的个人或企业能够同步进行发明、生产、销售活动,知识生产者所形成的巨大的自组织网络将会挑战传统公司,成为生产主体。这种大规模协作能力的出现奠定了新的商业规则,要么掌握和利用这种能力,要么就被市场无情淘汰。如何将企业彻底地置身于全球化的大环境当中,在全球范围内进行资源和能力的整合与配置,建立一个全球协作大平台,如何把握大规模协作带来的商业机遇,如何充分释放内外大量资源的创新潜力,已经成为企业生存与发展无法回避的命题。

(二)互联网引发企业商业模式创新

目前,我国互联网企业所提供的创新服务与创新应用层出不穷,与这些服务和应用相伴而产生了多元化的商业模式创新。在新一轮信息技术革命时代,商业模式的成功与否对于企业的生存来说至关重要。移动互联网需求的多样性、业务的繁荣、平台的开放、市场竞争的加剧、注重生态系统的建设,使得互联网商业模式呈现出多元化的态势,许多成功的商业模式也脱颖而出。

时下有一批很成功且有特色的商业模式,如苹果公司构建"终端+应用"软硬商业企业经营的商业模式,从而打造了具有竞争力的生态系统,使苹果公司赚得盆满钵满;阿里巴巴打造电子商务平台模式,从而使阿里巴巴成为电子商务的"帝国";谷歌采用的"搜索免费+后向广告收费"的商业模式,使谷歌一举奠定了其在搜索引擎界的霸主地位;奇虎360

通过专注互联网安全、实行免费增值商业模式以及打造开放平台而取得了巨大成功,如今成为我国最大的互联网安全服务提供商;小米通过注重品牌经营、高性价比手机和互联网化销售模式取得了成功;UC优视科技专注于手机浏览器市场,向平台方向转型,从而成为手机浏览器的领先者……

(三)数字信息时代下城乡商业企业一体化商业模式创新策略

1."互联网+电子商务"模式

电子商务兴起及蓬勃发展,成为近年来经济领域商业创新的一大亮点。尤其是近年来农村电子商务的发展,有效地促进了城乡一体化商业模式的构建和发展。目前,"互联网+"战略下云计算、物联网、移动互联网、大数据等信息化技术的加速创新与应用普及,将智慧城市、无线城市、数字乡镇等信息化技术应用到城乡一体化规划和建设中,无疑为城乡一体化电子商务商业模式的构建提供了很多的技术支持,尤其是在物流系统建设和电子运营管理上可以实现城乡一体化建设,促进城市电子商务与农村电子商务的相互借鉴和融合,这不仅会有效解决农村农业生产的市场销售问题,还能够增加农民收入,就近解决农村剩余劳动力问题,同时促进农村经济的转型和发展,助力社会主义新农村的建设与发展。

2."互联网+农业"模式

农业是国民经济之根本,但一直是发展程度比较弱的环节。随着"互联网+"战略的实施,物联网等技术的发展和应用,可以为智慧农业、现代农业的发展提供更大的支撑,促进农村农业经济与城市经济在供应链上的整合,便于农业资源信息的快速传递和整合,实现农产品生产、销售方式的有效创新。例如,借助物联网的大数据分析和无线通信技术,可以对农产品生产的全过程进行质量追溯,对农业气象灾害等进行科学预警和防范指导,即便是在城市,也可以实现农业生产的远程可视与诊断,并直接通过互联网进行订单处理和售后服务,有效实现了农村生产者与城市消费者之间的对接,避免了农产品生产与销售中经常出现的信息不对称问题,让农业生产与经营更加具有针对性,促进了农业生产与其他经济领域的整合。例如,在地方政府的引导下,可以借助互联网的技术优势打造互联网产业链服务平台,将农产品的种养个体、加工企业、销售企业、物流企业、金融企业等进行深度整合,能够有效提高各个市场主体之间的沟通效率和协作效率,加快城乡一体化农业商业模式的构建步伐。

3. "互联网+工业"模式

在工业发展水平的对比上,乡镇工业显著落后于城市工业,目前的乡镇企业主要是集中在家具、纺织、食品等传统领域,虽然有了一定的市场规模,但是很多都是低附加、高污染、高消耗的产业,所以目前进行产业调整与升级的压力比较大。随着"互联网+"战略的实施,乡镇企业可以借助互联网技术优势进行升级改造,增强城乡工业发展的联动效应,促进工业制造资源的优化配置。一方面,对已经具有一定产业基础的地区,可以在"互联网+"发展理念的指导下,对乡镇工业企业进行升级再造,打造出基于供应链的行业产业服务平台,将乡镇工业企业、科研机构、物流企业、金融企业、销售企业等进行资源整合,在行业内部实现精细化分工和深度合作,提高城乡工业一体化发展的水平。另一方面,对乡镇工业企业发展落后的区域,应结合本地资源优势特点,例如互联网融合发展优势,重点打造"互联网+特色加工业""互联网+乡村旅游"等新兴产业,促进城乡一体化商业运营模式的创新与发展。

4. "互联网+服务业"模式

现代服务业的发展质量,往往能够反映一个区域的整体经济发展水平。但是我国城市和乡镇的服务业发展水平存在巨大的差异,农村能够享受的现代服务非常少,这无疑形成了城乡一体化商业发展的一个大障碍,所以借助互联网优势提升农村社区的现代服务业发展水平就显得格外重要。由于农村市场的规模较小,所以很多服务企业不太愿意在农村开设服务网点,现有的服务企业也基本是服务当地群众。为了有效突破这一瓶颈,"互联网+服务业"的商业运营模式可以很好地解决这一问题,促进城市服务业商业模式从农村市场的发展与互动。如互联网金融、网络购物、在线娱乐等新型的服务业发展业态,能够轻松突破时间和空间的限制,农村的服务业企业既可以走出去,城市的服务业企业也可以在线为农村居民服务,对城乡一体化服务业商业模式的发展将会非常有利。

总体来说,数字信息时代下商业环境的变化已经广泛触发了企业商业模式的调整与变革,旧的组织结构和层级制无法产生竞争所需的灵活性、创造力和分享机制,对传统商业流程"零星的改革"已经无济于事,只有战略性的、企业级的、贯穿整个价值链的深度变革才能使企业真正获得制胜的先机,最终的获胜者将是那些创造大量知识并将知识快速转化为消费者价值的企业。

二、商业模式创新

对商业模式创新的认识,最早可追溯到19世纪末,洛克菲勒在对交易成本的认识上发现了商业模式创新的秘密,把生产经营活动集中在公司内以降低交易成本。后来,随着学者和企业界对商业模式的深入了解,发现商业模式创新对一个企业的发展尤为重要,特别是在市场竞争异常激烈的经济时代,企业要想取得成功,就必须要探索商业模式的变革或创新之路。正是如此,企业商业模式创新吸引了众多研究者的关注。

（一）商业模式创新的定义

商业模式创新作为一种新型创新形态，人们关注它的历史很短，也就10年左右。商业模式创新引起广泛的重视，与20世纪90年代中期计算机互联网在商业世界的普及应用密切相关。

互联网使大量新的商业实践成为可能，一批基于它的新型企业应运而生。新涌现的一些企业，如雅虎、亚马逊及易趣等，在短短几年时间内就取得巨大发展并成功上市，许多人也随即成为百万甚至亿万富翁，产生了强有力的示范效应。它们的赚钱方式，明显有别于传统企业，于是，商业模式一词开始流行，它被用于刻画描述这些企业是如何获取收益的。

商业模式创新是基于商业模式构成要素分析的基础上提出来的。一些学者希望通过探讨提高原有要素价值的途径或是改变各要素之间关系的途径来实现原有商业模式的创新。

商业模式创新作为一种新的创新形态，其重要性已经不亚于技术创新等。近几年，商业模式创新在我国商业界也成为流行词汇。本书赞同以下说法，商业模式创新是指企业价值创造提供基本逻辑的创新变化，它既可能包括多个商业模式构成要素的变化，也可能包括要素间关系或者动力机制的变化。通俗地说，商业模式创新就是指企业以新的有效方式赚钱。

（二）商业模式创新的特征

商业模式创新是一个整体的、系统的概念，而不仅仅是一个单一的组成因素。如收入模式（广告收入、注册费、服务费）、向客户提供的价值（在价格上竞争、在质量上竞争）、组织架构（自成体系的业务单元、整合的网络能力）等，这些都是商业模式的重要组成部分，但并非全部。通过对典型商业模式创新企业的案例考察，可以看出构成商业模式创新的三个必要条件。

第一,提供全新的产品或服务,开创新的产业领域或以前所未有的方式提供已有的产品或服务。如格莱珉银行面向大众提供的小额贷款产品服务,开辟全新的产业领域,是前所未有的。亚马逊卖的书和其他零售书店没什么不同,但它卖的方式全然不同。美国西南航空提供的也是航空服务,但它提供的方式,也不同于已有的全服务航空公司。

第二,商业模式至少有多个要素明显不同于其他企业,而非少量的差异。如格莱珉银行不同于传统商业银行,主要以贫穷妇女为目标客户、贷款额度小、不需要担保和抵押等。亚马逊相比传统书店,其产品选择范围广、通过网络销售、在仓库配货运送等。美国西南航空也在多方面,如提供点对点基本航空服务、不设头等舱、只使用一种机型、利用大城市不拥挤机场等,不同于其他航空公司。

第三,有良好的业绩表现,体现在成本、盈利能力、独特竞争优势等方面。如格莱珉银行虽然不以盈利为主要目的,但它一直是赢利的。亚马逊在一些传统绩效指标方面良好的表现,也表明了它商业模式的优势,如短短几年就成为世界上最大的书店。数倍于竞争对手的存货周转速度给它带来独特的优势,消费者购物用信用卡支付时,通常在24小时内到账,而亚马逊付给供货商的时间通常是收货后的45天,这意味着它可以利用客户的钱长达一个半月。美国西南航空的利润率连续多年高于全服务模式的同行。如今,美国、欧洲、加拿大等国内中短途民用航空市场,一半已被像美国西南航空那样采用低成本商业模式的航空公司占据。

第四,商业模式创新更注重从客户的角度,从根本上客户价值最大化思考设计企业的行为,视角更为外向和开放。商业模式创新的出发点是如何从根本上为客户创造增加价值。因此,商业模式创新逻辑思考的起点是客户的需求,根据客户需求考虑如何有效地满足其需求,这点明显不同于许多技术创新。用一种技术可能有多种用途,技术创新的视角,常是从技术特性与功能出发,看它能用来干什么,找出其潜在的市场用途。商业模式创新即使涉及技术,也多是与技术所蕴含的经济价值及经济可行性有关,而不是纯粹的技术特性。

第五,商业模式创新表现得更为系统和根本,它不是单一因素的变化。其常常涉及商业模式多个要素同时的变化,需要企业组织的较大战略调整,是一种集成创新。商业模式创新往往伴随产品、工艺或者组织的创新,反之则未必构成商业模式创新。如开发出新产品或者新的生产工艺,就是通常认为的技术创新。技术创新通常是对于有形实物产品的生产而言的。

(三) 商业模式创新的作用

在企业发展的过程中商业模式的创新作用主要归结为以下几点:

第一,突破成长的天花板,跳跃性成长。一个做了很多年的企业,销售额却变化不大,原因绝对不会是管理模式的问题,往往是因为商业模式和资本模式没有运作到位。因为商业模式的限制,企业只能做这么多,商业模式只有改变,企业才能获得跨越性的发展。

第二,切入高利润区的利器。任何一个企业都有价值链,因为价值链本身价值的不同,投的每一元钱,雇的每一人投在价值链上的不同环节,产生的回报绝对不一样,所以商业模式就要帮助企业切入到高利润的环节中去。

第三,降低选择和试错的成本。浪费比贪污可怕,因为贪污只有极个别人,而人人都可以浪费,但是决策失误比浪费更可怕,每位企业家、投资人每天要面对大量决策,一个决策失误可能会使所有资本一去不复返。所以商业模式可以给决策指明方向,减少决策的失误。

第四,最大化发挥资源作用。重资产公司最容易受金融危机的影响,如钢材、汽车、飞机等行业,因为重资产的公司资源利用率低,比如联想集团1984年成立,发展到现在有2万多人,销售额超过1000亿元,但它的市值只有200亿元,而金风科技1999年创立,有800多人,市值400亿元以上,金风科技的市场价值要比联想高一倍以上,是因为它的资源利用率更高,而不是资产更高;销售额更高,是资源的利用率和利用水平更高。商业模式设计就是帮助企业提升资源效率和提升企业的价值。

第五,杠杆的力量——通过模式的力量以小博大。众所周知,一个手指头不能戳破酒瓶,但如果拿一把枪,一个手指就能打破酒瓶了,手枪就是一个模式,模式是可以把资源的力量放大。

第六,可以预期变化。中国有很多产品,如商务通、山寨机、背背佳,在几年里赚到很多钱,但他们的模式本身注定了产品走不远,看一个企业的模式就知道这个企业未来的发展。

三、商业模式创新的类型

要想实现从企业原有的商业模式真正地向创新商业模式转型,摆在企业面前有五条路径实现商业模式创新:第一,通过微创新商业模式来改进和提升客户价值;第二,通过完善企业原有商业模式,改善企业创造价值的过程;第三,通过改良原商业模式,在原有商业模式上做一定程度的革新,对原有商业模式有所保留但也有所破坏;第四,通过完全的破坏性创新方式,创造出全新的商业模式,进而实现商业模式颠覆性创新;第五,通过再次创新使客户进一步认可企业,企业的价值及理念能够与时俱进,最终提升在客户心目中的商业价值。这些路径依据城乡商业企业经营模式创新的程度有所差别。也就是说,这五条路径都可供选择,主要还是看企业创新的风险和企业变革压力的大小而定。

(一)微创新商业模式

微创新已成为近年来企业间最热门的话题之一,无论大企业还是中小企业,只要谈到创新,都言必称"微"。在消费者驱动的年代,当创新不再局限于技术上的变革时,微创新是城乡商业企业努力的方向,重视用户体验,企业才能赢得用户的心。微创新是相对于颠覆式创新而言,从小处着手,不断贴近用户需求;快速出击,不断试错,最终获得市场认可。

如在微创新领域风头最劲的当属顺利上市的奇虎360、高喊"我和你一样的"凡客以及推出乐 phone 的联想。作为微创新的提出者和集大成者,奇虎360 推出了众多微创新举措粘连用户,如网购保镖、微博卫士等系列产品;另一个吸引眼球者则是凡客诚品,在对用户体验上,凡客微创新举措不断,如30 天无条件退换货、上门试穿等;在硬件领域,联想的乐 phone 系列产品逐渐获得认可,其在移动互联网领域的布局和对乐 phone 系列产品的本土化微创新,使得原本并不被市场分析人士看好的"山寨之作"乐 phone 系列产品逐渐勾勒出一个具有竞争力的产品服务体系。

(二)完善性商业模式创新

完善性商业模式创新是对企业原有商业模式进行不断完善,类似于我们之前提及的维持性创新,渐进性完善企业现有产品,向市场提供更具需求性的产品,逐步抢占更多消费人群。完善性商业模式创新其本质就是一种维持性、渐进性的商业模式创新。维持性创新本身也是一种渐进性创新。大量的小创新不断地改善着企业的技术状态,并在达到一定程度时导致质变的大创新。渐进性创新注重对原有商业模式的不断完善,由量变到质变,进而实现商业模式创新。

在互联网领域存在很多完善性商业模式创新的例子。自传统互联网商业模式出现以来,人们就开始进行不断的探索,寻求在已有的商业模式的基础上进行完善和改进,单个改进的贡献可能是小的,但是数个改进积累起来就会产生质变,将会对整个互联网领域的发展产生显著的影响和作用,正是怀着这样的梦想,很多探索者在完善商业模式创新的路上不断探索前进。

（三）改良性商业模式创新

改良性商业模式创新是介于完善性商业模式创新和颠覆性商业模式创新之间而又与之有所区别的一种商业模式创新形式。改良性商业模式强调的是在原有的商业模式上有所完善，同时又在某些方面有一定的破坏性和颠覆性的创新，从而形成一种集完善与颠覆相互结合的创新。从创新的程度上来说，改良性商业模式创新对原有商业模式有所变革，但变革的力度是有限的。所以对原有商业模式有所改良，但又缺乏革命性。

改良性商业模式创新，我们一般可理解为构成要素的创新，就是通过改变商业模式的构成要素以及之间的关系来实现商业模式创新。一般而言，我们认为企业产品服务（或价值主张）、目标客户、供应链（或伙伴关系）以及成本与收益模式是商业模式的核心构成要素。对于云计算企业而言，也是在探讨如何对原有商业模式要素进行有效组合，实现商业模式创新。对于很多企业来说，要想实现价值创造，就不能仅仅停留在盈利模式方面，还要考虑资本运作、组织能力、资源整合能力等，通过对企业主要涉及的构成要素的有效组合来实现对原有商业模式进行改良性的商业模式创新。

（四）颠覆性商业模式创新

颠覆性商业模式创新是对原有的商业模式实现破坏性毁灭的同时，创造出一种全新的商业模式。破坏性创新是使企业显著改变传统竞争规则，并改变现有市场需求的创新。颠覆性创新源自熊彼得的破坏性创新，也就是对企业进行完全颠覆性或者破坏性创新，即通过重新定义顾客价值、改变提供产品或服务的路径、改变收入模式等方式实现创新。

(五)再次创新商业模式

引进、消化吸收、再创新是一种十分普遍的创新行为,也是当今许多企业参与市场竞争的有力武器。《2006—2020 年国家中长期科学和技术发展规划纲要》指出,自主创新包括原始创新、集成创新和引进消化吸收再创新三个方面。中国改革开放 40 年的经验告诉我们,虽然技术引进可以获得成熟的技术,但是不同企业或同一企业在不同时期,三个方面创新的侧重或有不同,但三者不可偏废。所谓再创新,是指在技术引进基础上进行的、总体上引进技术的范式,并沿既定技术轨迹而发展的技术创新。它是以模仿为基础的,因而具有不同于原始创新、集成创新的一些特征:

第一,追随性。在技术方面,不做新技术的开拓探索,而是做有价值的新技术的追随学习;在市场方面,不独自开辟新市场,而是充分利用并进一步发展率先者所开辟的市场。

第二,针对性。再创新的研究开发不仅包括对率先者技术的模仿,还包括对率先者技术的完善或进一步开发。

第三,投资集中性。再创新省去了新技术探索性开发和新市场开发建设的大量投入,因而能够集中力量在创新链的中游环节投入较多的人力、物力,即在产品设计、工艺制造、装备等方面投入大量的人力和物力,使得创新链上的资源分布向中部聚积。

第四,被动性。在技术方面有时只能被动适应,在技术积累方面难以进行长远的规划。在市场方面,被动跟随和市场定位经常性的变换也不利于营销渠道的巩固和发展。

四、移动数字信息时代的商业创新模式

移动互联网是指互联网的技术、平台、商业模式和应用与移动通信

技术结合并实践的活动的总称。根据中国互联网络信息中心（CNNIC）在京发布的第 47 次《中国互联网络发展状况统计报告》显示,截至 2020 年 12 月,我国网民规模达 9.89 亿人,互联网普及率达 70.4%。其中手机网民规模达 9.86 亿人,网民使用手机上网的比例达 99.7%。我国移动互联网发展进入全民时代。相比桌面互联网使用的长时性及使用环境的安静性,移动互联网具有碎片化、高度移动和平台化等特征,由此衍生出以下三大商业创新模式:

(一)碎片化地颠覆商业创新模式

由于终端的高度移动性,使得碎片化成为移动互联时代的重要特征。以往的碎片化时间、垃圾时间现在成为聚沙成塔的商业沃土。举一个简单的例子,乘坐公交车,从等车到乘车再到下车,大多数人会掏出手机,看新闻、发微博、玩游戏或查地图。简单的例子表明,在高移动的碎片化时间段里,以手机为载体的移动互联网在满足用户碎片化信息、碎片化娱乐的需求方面具有广阔的商业前景。事实上,碎片化包含两方面含义:一是时间的碎片化,即每次上网的时间较短;二是信息的碎片化,即海量信息包围下,个体感兴趣的信息仅仅是一小部分。基于此,移动数字信息时代商业模式出现了两个新变化。

"微"模式催生了微阅读、微应用、微博、微视频等新业务模式。微阅读包括手机上网阅读和电子书;微应用是各类手机应用程序;微博是简约版的博客;微视频则是适合在手机上观赏的各类短小视频节目。这些"微"模式并非由技术驱动,用户在手机上阅读和观看视频与在电脑上阅读与观看视频差异仅仅是文本格式,微博与博客的差异仅仅是字数差异,而微应用较网游更为简单,它们之所以能够爆发,核心点就是满足了移动时代碎片化的需求。

"圈"模式则是碎片化下打造以个人为中心的交互平台。面对海量化的信息,碎片化互联网的用户开始逐步建立以个人为中心的信息、娱乐交互平台,这将进一步催化社交网络服务(SNS)产业。

手机终端"随时随地、永远在线"的特点使得手机与社交服务成为天生一对,大大增加了手机用户对 SNS 的需求。在此背景下,不仅各类 SNS 网站大行其道,如脸书成为全球第三大"国度",而且各大互联网也纷纷涉足 SNS 领域,如谷歌、百度、新浪。

(二)动态化的商业创新模式

相比电脑的固定特性,手机具有随身携带的移动特征,手机与用户之间一一对应的关系,为基于身份识别技术的位置服务和移动支付等新商业模式提供了可能。身份识别包含两方面含义:一是通过实名制等方式,手机与用户存在一一对应的关系,手机可以作为用户身份认证的工具。这对于传统的身份认证是一种冲击,在将来,一部手机包含了用户的所有信息。二是基于上述对应关系,用户通过手机所做的任何事情都是有迹可循的,并且可以通过分析手机用户的行为,衍生出一系列业务。移动支付和位置服务就是身份识别的两大应用。

移动支付主要是指借助手机、通过无线方式所进行的缴费、购物、银行转账等商业交易活动。按照支付距离,手机移动支付可分为远程支付和现场支付。其中,远程以各家银行推出的"手机银行"为代表业务,而现场支付则主要利用 RFID 射频技术,使手机和自动售货机、POS 终端、汽车停放收费表等终端设备之间的本地化通信成为可能。

(三)平台商业创新模式

在 5G 网络覆盖、应用研发推广和智能终端普及等因素的推动下,国内移动互联网产业已经进入加速发展阶段,移动互联网的商业模式也发生了重要的变革和创新。当前以应用程序商店为代表的平台模式,既符合移动互联网自身发展的特点,又体现出较好的客户聚合能力和产业影响力,因此成为城乡商业企业、设备商和互联网公司发展移动互联网的主导商业模式之一。

第一,平台模式源于市场特点。移动通信网和互联网深度融合,催生了移动互联网。移动通信网具有很强的管理控制和随时随地的接入能力,但是网络开放性不够,应用较为单一;而互联网具有丰富的内容信息资源和强大的业务创新能力,但不能做到随时随地地移动接入,缺乏良好的管理控制能力。两者深度融合之后形成了优势互补,促进了移动互联网的发展。在融合过程中,移动互联网由传统的"以城乡商业企业为中心"向"以用户为中心"演变,围绕客户的"个性化服务"成为业务创新的重要驱动力,同时用户本身也成为移动互联网内容的提供与分享者。

第二,平台模式引领产业生态变革。平台模式的出现,为产业链上下游带来了深刻的变革,体现为平台和终端的融合,以及平台与业务提供的商业企业的经营融合。产业链各角色之间原先泾渭分明的界限开始变得模糊起来,各个参与者都在重新审视平台的战略意义,并依托原有的资源和能力优势向平台运营领域拓展。以苹果、谷歌公司应用程序商店的爆炸性成长为代表,形成了当前以终端和网络为中心、基于接口开放和开发者广泛参与的平台模式。

第五章 数字信息时代城乡商业企业经营模式创新

第一节 创新与公司规模大小无关

城乡商业企业经营的未来离不开创新,这也是当代企业的必走之路。然而,创新谈何容易。很多城乡商业企业都为此苦恼,并不是因为创新比网络安全、大数据或是开发实时营销策略更难,而是在于创新是看不见、摸不着的。通信业一直信奉一个神话:公司的创新能力与规模大小成反比,即创新只能出自年轻公司,如蹲在硅谷车库里搞研发的那些公司。许多创意大公司的存在说明创新无关公司规模大小。

另外,重大创新不需要给产品配以华丽的点缀。2013 年,亚马逊高居"最具创新企业"奖前五强,正是在物流与运输方面的创新使其能够将商品当天发送给客户。在流程、员工、营销与产品制造方面的创新可行,但更重要的是增强企业特色或着手新策略。

亨利·福特曾说:"如果我问客户想要什么,他们会说想要一匹'更快的马'。"许多大公司每天遇到的创新方面的挑战都与此类似。城乡商业企业花钱请你帮他们创新,告诉你具体要为他们创造什么。不要完全按照他们说的那样做,城乡商业企业将他们的创新要求外包时,应考虑他们真正的创新动力是什么,而不是简单地听取城乡商业企业提出的要求。

智能手机就是概念性演示的最好证明:给客户的是一个应用程序而不是一个展示胶片。

从统计学来看,在你的每 100 个观点中只有一两个很好的点子,所以你必须习惯接受连续的挫败。我们正努力适应最高端客户带给我们的挫败,你需要同行业中有丰富经验的专家交流,因为他们对行业有整体视野,而不是局限于某点。连续的失败绝不是失败,而是通往成功的重要一环。

耐克因两项成功创新而获得殊荣。一项是传统运动系列产品——Nike FuelBand 运动腕带,是帮助追踪用户活动的新一代健康设备。另一项引起人们注意的创新是 FlyKnit Racer 系列跑鞋的生产,其将传统制鞋过程中的大部分组合变为无缝拼接,使鞋身和支架有效地结合为一体。

谷歌也在不断创新,其公司里的工程师 20% 的时间都用来创新。这背后体现的是讲究实效的创新方法,和苹果的创新策略不谋而合。苹果关注发展平台战略,通过平台进入和开拓关联行业,在服务和设备设计上给这些行业大力支持。这种基于平台概念的创新模式也被亚马逊和脸书采纳过,由此可见,其适用于任何大公司。

实际上,若想成为行业上的巨无霸,就应该把平台战略发扬光大,将此战略扩展到不同行业中去,为这些不同行业提供平台服务。如果做到了这一点,城乡商业企业对创新还有什么可担心的呢?

第二节 创新中的障碍

创新种类繁多且有时难以辨清创新的类型。美国哈佛大学商学院教授克莱顿·克里斯坦森提出了两种不同类型的创新:持续性创新和颠覆性创新。持续性创新是指把原来的产品做得更完美,而颠覆性创新指在原有产业基础上创造全新产业或新一代产品。

首先是产品和服务创新,但在城乡商业企业中这方面的创新较为匮乏,更多是对市场潮流产品的跟风模仿。

其次是在流程上创新。流程创新是管理创新的重要内容之一,也是具有一定技术性的工作。它是指技术活动或生产活动中的操作程序、方式方法和规则体系的创新。

最后是商业模式的创新。商业模式创新是指企业价值创造提供基本逻辑的变化,即把新的商业模式引入社会的生产体系,并为客户和自身创造价值。通俗地说,商业模式创新就是指企业以新的有效方式赚钱。从另一方面来说,商业模式创新更注重从客户的角度,从根本上思考设计企业的行为,视角更为外向和开放,更多注重和涉及企业经济方面的因素。商业模式创新的出发点是如何从根本上为客户创造增加的价值。

过去 20 年,针对不同公司在不同发展阶段该采用怎样的创新模式,人们做了很多调查分析。通常,某一行业内的顶尖级公司会采用持续性创新法,因为他们有大量忠实用户,期望现有产品或服务的新版本。这些用户是公司收益的重要来源,这种在创新上连续投资的行业做起来相对容易。

当然,此类公司可能也很理解颠覆性创新的必要性,并意识到没有颠覆性创新,它们的市场领先地位也不能长久。但是对颠覆性创新的投入预算却很有限,因为要求产品更新换代的呼声很容易就能压倒那些要求投资新领域或建议进行彻底的产业重组的呼声。

相反,如果你是市场上的小玩家或菜鸟,那你最好把时间和精力都投入开发尽可能具有颠覆性的项目上,以此来建立你的用户群。因为除非你拥有独门绝技,否则很难把别人的客户吸引过来。

理想状态下,你需要颠覆性的创新来打破市场的平衡。这当然要冒很大风险,但却是必须要做的。如果你想夺取市场的领导地位,市场上的领军者也会利用创新来维系他们的稳固地位,后起之辈要想打破秩序就必须靠颠覆式创新。

如果一个行业颠覆性创新的水平较低,那么该行业的公司将采取跟随并伺机超越的模式。比如计算机磁盘产业,磁盘尺寸从 14 英寸到 8 英寸、5.25 英寸以及后来的 3.5 英寸,每个尺寸都会诞生一个新的市场领导者。克莱顿·克里斯坦森称这种情况为"跟着客户走"。

你不必再去详细探究那些现在已被废弃的计算机硬件,这些潮流在历史上起起落落、不断重复。看一下移动通信基础设施产业,在过去的二十多年里,从第一代移动通信系统到现在的第五代移动通信系统,其演进过程极为类似。大多数第一代移动通信系统的市场领导者在第二代移动通信系统的早期阶段得以幸存下来。

自从进入第三代移动通信系统时代,有的公司日落西山,有的则与其他公司合并以寻求新出路。当我们进入第五代移动通信系统时代,再回望从第一代时走来的这一路,不难发现这样一个深刻的教训:在残酷的竞争压力下,只有少数公司能顺利通过所有的技术挑战。

实际上,除了爱立信,可以说每个移动通信系统厂商在这个过程中都有所损失。手机产业也同样如此,第一代设备以语音为主,由摩托罗拉、爱立信、诺基亚和阿尔卡特朗讯等公司主导。

第二代手机功能更多,但市场仍相当稳定,行业领导者由摩托罗拉逐渐变成了诺基亚。爱立信选择与索尼合作,自己渐渐退出手机市场。同时,像三星这样的公司开始出现并成为有力的竞争者。第三代智能手机见证了早期品牌手机隐退市场的过程,继而三星以及强劲的新生力量——苹果和现在的华为取得了市场主导地位。

颠覆性创新模式在这些曾经辉煌的企业不会发生,因为市场领导者们不善于创新,或是缺乏洞察市场走向的能力,或是其他原因,但只能认为是这些公司陷入了持续性创新的怪圈。

有趣的是,最近的研究显示,高管通常向中层管理人员就颠覆性创新征求意见。然而,颇具讽刺的是,往往是中层人员对待颠覆性创新最为消极,因为这些人在当前盈利的产品线上被尊为“大师”,并在公司深受重托。人性使然,他们也希望自己钟爱的产品不断发展和成熟,而不是看着它们步入从新生到消亡的自然循环过程中去。在工作中,这些人也就成了新思想和新知识能否得以交流共享的瓶颈。

这种想法一方面会得到公司内部部门的鼓励和支持,另一方面也会得到用户及投资商的认可。用户期待供应商持续提高产品质量、改善瑕疵、不断升级以增加产品的实用性和功能。然而,如果瑕疵未得到改善,产品没及时升级或增加了成本,用户便会变得愤怒,并以减少订单和支付罚款相威胁。大多数人、大部分公司都倾向于一种省时省力的方法,在本来就匮乏的财务状况和知识产权现实条件下,不会进行大量投资来满足用户需求,从而维系客户关系。由于用户有自己的兴趣点,这也就减轻了由颠覆性创新带来的痛苦和努力,这些企业也将很乐意为现有用户改善产品,而不是走更具挑战之路。

资本市场的态度有时也会带来消极影响,基于对投资回报率的期望,他们拥有有意愿改变市场、但也具有高风险的公司的清单,资本市场愿意投资这些公司。但是,对于城乡商业企业和主要的大公司,资本市场则希望他们能够提供稳定的季报,大股东们更加关注能否满足或者超过他们之前设定的经营目标,高风险和颠覆性的投资总是会受到更多质疑,尽管经验表明那些华尔街的分析师们其实非常不善于识别和评估风险。

有许多书介绍了一些公司的成功经验,这些公司能够成功安排公司短期的持续性创新预算和长期的颠覆式创新预算。华为成功地从第一代移动通信系统发展到第五代移动通信系统,中间没有掉队。虽然 IBM 最终的发展完全与 IT 行业无关,但它也是借助 IT 行业硬件、软件和服务的发展才得以在市场上立足。

第三节　创新要素

市面上有很多关于创新驱动力的讨论,主要包含以下三点:坚定的领导力;对市场环境的洞察;敢于冒险,直面速败。

一、坚定的领导力

创新必须是领导层的优先任务。印尼电信公司首席战略官普森特·高克兰简要地指出："致力于创新就意味着在资金和人员上的长期投入，其他任何事都是虚的。"

因此，创新不是简单地把"创新"字样放在年度报告和财报的前几页，也不是投了点钱搞了点花里胡哨的东西来支撑门面，更不是空想家的自娱自乐。

真正的创新源自公司掌舵人的坚定信念：离开创新，公司就会垮掉。耐克公司 CEO 马克·帕克完全理解了这一创新的精髓。他认为："……如果一家公司的发展模式非常成功，以致扼杀了要挑战该模式的思维，那么这家公司就要垮掉了……"如果一个领导者对创新的重要性坚信不疑，那么他时刻都会优先考虑创新，而绝不是只让它在年度报告里一闪而过。

公司领导人的这种作风和态度，能在公司中层管理人员那里得到反映，也会在其下属员工及该公司的合作伙伴和用户那里得到共鸣。对于大公司而言，创新和其他重要的成功因素一样，公司对它必须要有坚定的信念，由高管做好规划并带头引导，将其融入公司的生命力中，且坚持执行创新制度和奖励创新。

虽然高管们都把创新视为经济增长的重要推动力，但很少有人在这方面做出明确的决策和实施方案。麦肯锡说过，大约 1/3 的高管只在必要时管理创新，而另外 2/3 则是把创新视为高层领导团议程的一部分。这很令人费解，如此重要的一件事在实际中却被搁置在计划议程上，像例行公事一样，把它当作一般项目处理。

相比在公司里滔滔不绝的讲话，领导们的行为更能给员工发出强烈而明确无误的信号。任何公司的倡议和创新都需要领导人直接和普通

员工交流,赢取他们的支持。领导们可以通过以下方法来指导创新:

(1)在组织内某些特定部门开展创新活动,比如收集用户的深刻见解,提供各种服务或是在用户体验等方面的创新。

(2)在领导的定期会议上讨论创新。

(3)设定创新的绩效指标和目标。这是非常重要的,部门负责人要对本部门的创新负责,要鼓励创新,要有创新衡量指标来评估他们的工作表现,和奖金挂钩。

(4)财务方面:比如规定总收入的一定比例必须来自新产品,或者要求收入的一定比例来自过去两年内推出的产品。

(5)形式方面:比如坚持从公司外部得到建议或新想法。该策略常出现的问题是在衡量建议或新想法时没有合适的标准。因为虽然你给出了评价,但这并不意味着它很重要。只有当评价标准生效时,目标和清单才有意义。

二、对市场环境的洞察

创新的前提是对市场、用户和需要改进的地方有充分的把握。纵观古今,很多案例证实了这一点。真正的企业家拥有直观的洞察力,对客户在不同环境下的可能行为有很好的判断,并能够将直觉和理性的分析结合起来,开辟一条正确的经营之道。

那些拥有忠实粉丝的公司会提供最好的数字服务,因为他们的服务非常贴近这些老客户。阿迪达斯公司在充分调研了市场环境后推出的MiCoach 跑鞋便是新数字服务的典型代表。阿迪达斯 MiCoach 跑鞋的发展历程很有趣,也是公司数字战略的关键部分。阿迪达斯为用户的训练鞋和足球鞋装了一套传感器和心率监控器,并开发了特定的训练程序以便用户应用,使用户能测定并改进自己的表现。提供一个虚拟教练用来收集各种数据——不只有时间、距离、速度,还有矢量信息,如踢足球时球的速度。通过传感器来测得人的心率等身体指标,这一切和智能手机上的应用程序联系在一起,并提供电子教练提醒你从哪里开始及要达到的目标。团队方面,通过和美国足球联赛合作,教练可以访问大量比赛中的实时数据。

无论是阿迪达斯的 MiCoach 私人教练应用程序,还是耐克的FuelBand 智能健身腕带,它们都是在公司了解了市场环境和用户后所推出的创新产品。亚马逊的当日送货到门服务是一个在业务上创新的典型例子,它基于公司熟悉业务的内部流程背景及改进的空间,并清楚对客户真正重要的需求满足将影响他们的购物决定。亚马逊在美国实现这一创新源于其在多部门的大量投资,包括以 7.75 亿美元收购机器人制造商 Kivasystem,在印第安纳州、新泽西州、达拉斯、休斯敦和奥斯汀开了许多新仓库,并在加利福尼亚州建立了大型配送中心。它的每项投资都相当庞大,不给其他公司任何思考的空隙。所以亚马逊值得称赞之处不仅在于它能识别创新机会,还包括它会投入巨资给予支持。

三、敢于冒险,直面速败

南加州大学的通信技术管理协会(隶属于马歇尔商学院)是一个卓越的、以行业作为支撑的研究中心,该协会主要关注通信行业、技术和媒体的结合,这里汇集了来自通信业、广告业和好莱坞的思想先锋。执行董事露西·胡德这样描述创新:"你不能持有'零风险'的想法,若想有所成就,就要清楚公司能承受多大的风险。"

露西·胡德说:"你不能独自完成所有的创新,必须引入合作。如果是大公司,你可以自己完成部分创新。但是,公司需要寻求更有效的创新方法,因为当前许多大公司的方法都较为滞后,要形成与公司实力相匹配的创新模式十分困难。还有其他的创新手段,比如收购或兼并,实质上,公司要买的是管理团队而非另一个公司。作为福克斯移动娱乐公司前总裁和新闻集团高级副总裁,露西·胡德说:"我发现我们集团的CEO对冒险持积极心态。没有这样的心态,你就很难有所成就。创新意味着风险与回报,你必须接受创新会有一定风险的事实。如果不肯冒险,那你也不会在创新上有所建树。"因此不可能有"零风险"的策略。

管理风险的关键是,要有能力、能自主地对机遇有较为客观的预期。公司需有足够的勇气去投资前景光明的项目,同时,如果没有达到预期,公司也要足够明智地减少或停止那些投资。在耐克 FuelBand 智能健身腕带成功问世之前,他们曾有个关于万磁王的短暂臆想,即把磁石粘在太阳穴上,这样就可以把太阳镜挂在上面。若非公司 CEO 马克·帕克及时叫停该项目,耐克就会开始生产并销售该产品。高管们很容易迷恋于某个项目,特别是这个项目是原创性的,或者是这个项目能够使部门避免被裁减或者被合并。

相比世界上其他地方,"速败"一词用在美国公司身上再合适不过了,这大概也是美国公司能在卓越创新上持续占据主导地位的原因吧。世界上大部分地区视"失败"为不好的词,它能让人从此一败涂地,但在美国,它通常被视为成功的先决条件。在此,不要误以为我们是在关注"失败",这里最重要的词是"迅速"。出于个人偏好,人们全身心投入钟爱的项目,往往会发现很难停下来。公司应该打造企业文化,奖励那些能在几周内对很难抉择之事快速做出决定的人,还要奖励那些能节省钱和资源,加速给市场提供新观念的人。

正如 Voxygen 公司的 CEO 迪恩·艾尔伍德所说:"快速的失败是从失败走向成功这个周期中的一部分,而不是真正的失败。作为创新的发包商,我们需要同对方公司内最有资历的人交谈。因为他们能冷静地看待全局,而非独钟于某个特别的部分。"

第四节　创新沟通网络

　　每个组织里都有一群不同的人,有些人热衷于创新,而有些人却对任何变动都感到不适应。最近的学术研究发现,就创新而言,人们之间的沟通能力要远比个体创造力和智力重要,沟通网络可以为创新提供支撑。比如员工可以通过沟通网络分享想法和见解,不管起初这些想法多么疯狂,都会便捷地从同事或伙伴那里得到重要反馈,然后根据可行性进行分类,进而实现这个创新,并得到公司、合作伙伴及用户的认可。一个新想法通常会衍生出更多的新想法,沟通网络可以促进在创新和反馈之间形成一个自我维持的、广泛的良性循环。

　　此外,公司内部和公司间的沟通可以让有着不同知识和思维方式的人们互相取长补短。通过更多地关注创新沟通网络,领导者无须借助大规模的变革项目,便可从现有资源中获取更多有用价值。

　　社交网络分析能帮助管理层辨别现有沟通网络,理解诸如合作频率、跨职能互动之类的事,确定沟通网络里的关键人物,使他们分享和传播重要信息和见解。了解这些担任组织催化剂的关键人物的行为模式,是创建有效创新沟通网络的基础。

　　关于创新沟通网络的概念和价值,许多学术机构做了大量研究。麻省理工学院的斯隆管理学院称之为"联合创新沟通网络",而美国乔治·华盛顿大学的埃利奥特国际事务学院则认为是"自组织创新沟通网络"。

这些概念得到广泛接受,但也因与那些推动开源软件的概念相类似而受到争议。其中反映了一个问题,创新沟通网络作为核心商业工具可能会影响它的长远价值:这些概念在受限定的道德、金融和经济框架下才完全可行,且参与其中的人都遵循相同的规则。尽管存在这些担忧,但对于那些想要打造更好的创新文化的大型组织而言,创新沟通网络的基本概念足够适用。

从创新理念的同源性角度来说,还是要追溯到熊彼特的创新理论。熊彼特把创新表述为一种追求资源配置效率和"超额利润"的经济概念,认为"创新是建立一种新的生产函数",把未曾有过的生产要素与生产条件的新组合引入生产体系。其中,产品创新是改进现有产品,开发新产品;过程创新包括生产技术、工具设备、材料配方等制造与生产上的创新;服务创新是把新设想、新技术手段付诸实际服务;组织创新是对生产组织方式和关系的制度性创新。

从创新的程度看,如果认为创新是一种新的或改进的产品、过程或服务被引入市场,此时的创新指一种突变式创新,没有包含渐进创新,而渐进创新会引发生产率和产品质量的巨大收获,往往是结构变化、经济增长的源泉。这种更宽泛的定义能够包含跟随彻底创新产品和过程的次要创新,也包括新知识和技能的应用,这正是生产性服务业的重要内容。从创新的本质与过程来看,服务业创新与制造业技术创新是不可割裂的,属于共同的创新范畴。

从创新网络同源性的角度来讲,弗里曼较早地提出创新网络是针对系统性创新的具有非正式隐含特征关系的制度安排。服务业创新网络和技术创新网络可以被视为服务业和制造业不同产业下的创新网络模式。因此创新沟通网络可以从创新网络间的视角进行重构。构建多层面的沟通渠道是促进沟通的有效途径,也是创新沟通网络的核心,可以通过以下三个渠道创新沟通网络。

一、显性渠道——技术维度沟通

技术维度是技术创新网络与服务业创新网络沟通中"最有形"的显著性渠道。首先,技术维度的沟通源于技术创新与服务创新的理论研究和发展关系。技术创新模型经历了从简单线性模型到相对复杂的非线性模型发展过程,已经把一些服务业企业纳入创新节点。激烈的市场竞争也促使制造业企业开始关注生产前的研发与设计要基于顾客的需求、产品要尽量具有友好的使用界面、提高售后服务质量以获得更多的反馈和更大的用户基础以及基于产品或技术标准化的服务等方面的服务创新。服务创新理论晚于技术创新理论,早期服务创新研究也曾主张模仿制造业的技术创新模式,当发现了二者的诸多不同之处后,便开展了服务创新的独立研究,但二者之间的内在联系开启了服务业创新与技术创新相融合的研究。信息和通信技术(ICT)和知识密集型服务业(KIBS)的快速发展加速了技术与服务、技术创新与服务创新的融合与沟通。信息和通信技术在通信、金融、零售业等内部运作频繁、业务流量和数据统计量大、网络式经营模式等特点明显的服务行业的广泛应用,不断地改变和产生新的服务。如丹麦金融业中,技术型创新占其全部创新的16% ,非技术型创新占30% 。更有学者认为 ICT 对服务业尤其是知识密集型服务业的贡献大于对制造业的贡献。而技术创新也正在向用户导向型发展,设计层次与个性化程度,部分简单粗放式的规模生产正在转向深度设计与开发的精细生产;新领域的拓展,技术创新也在从传统的产品研发、流程设计、标准化改造向上下游领域延伸,一项产品的完整技术创新要包括产品本身的创新,还要包括支持顾客方便使用本产品的界面与操作系统、学习系统、安装系统,兼容其他产品功能的支持系统,便于支持供应商和顾客的财务系统、运输系统等。基于核心技术的延伸创新能够满足顾客的多样性需求,在这些领域的成功创新使很多企业获得了比过去常规销售创新产品本身更多的利润。

其次,技术维度沟通的显著性源于制造业与服务业的日趋融合。制造业与服务业之间参与和互动的部门越来越多,增加了沟通的范围。技术创新网络中出现了很多服务业部门,如提供私人服务业务的咨询部门,小型服务中介,通信、运输、物流等大型服务中介,一般的商业服务部门,研发能力很强的专业服务部门等。制造业与服务业双向渗透与融合的新趋势,使得制造业越来越像服务业,服务业也越来越像制造业,二者都围绕技术活动潜移默化地发生着变化。服务业发展速度加快,甚至有超过制造业发展和增长速度的趋势,营销、广告等服务技术的应用加速了制造业的反应时间,为其创造更多的获利机会,而且,服务业也可以创造出价值,甚至成为相关制造业创造价值的新增长点。软件技术、服务技能的应用增强或丰富了原有产品的功能,正在替代一些过去需要通过制造新零件来增加产品功能的办法,这使制造业企业能够节省劳动力和物质材料,主动投资无形服务来增加有形产品更高的附加值,制造业企业中过去很多辅助性、支持性的服务业务如今变成了更具盈利性、新型的产品线。美国通用汽车的金融服务业务已经创造了三到五成的利润,今天,谁还敢说美国通用汽车这个老牌的汽车产业巨头的主营业务只有汽车呢? 同样,服务业的技术性创新正在增强,变得更像制造业,用于衡量制造业创新情况的研发支出或专利数量等指标在服务业表现得越来越明显,服务企业在某些技术创新过程或领域中扮演着重要的角色。工程设计公司、环境服务公司、软件系统设计公司、专门的统计调查或评估公司等,把过去分散在不同制造业企业中的业务集中起来,开展专业性的技术服务。服务业和制造业边界的模糊又进一步加速了服务创新与技术创新在技术维度上的互动与沟通,生产性服务业和现代新兴服务业快速发展的原因也在于此。

二、隐性渠道——理念创新沟通

概念上的创新属于一种理念性创新,是主营业务、专业知识、企业文化、合作伙伴等因素综合作用下的意识中的创新。技术方面的理念创新更是如此,像知名汽车企业的产品设计都独具风格和历史传承,因此常被冠以某某车系之称,其专业化、系统性的深层知识理解导致制造业中技术创新理念的隐匿性强,难以模仿。在技术创新网络中,具有相似或相近的文化背景、认知体系、技术成熟度的企业更容易接近和形成经常发生联系的信任基础,所以,有德系车、日系车、美系车之说。而服务业的概念创新更加无形和灵活,有时并非深层的理念创新,而是"概念化"的创新,是在现有技术基础上满足某些市场需要的新想法。由于服务业企业的规模、专业化程度不同,这些想法未必有技术创新理念那么专向、系统、精深,有时更表现为一种营销策略或者外观设计的创新,相对容易模仿,其随意性、分散性较强,难以集中地捕捉和系统地分析,成为一种通常不能一概而论的隐性创新。制造业中研发与设计的专门化、部门独立趋势明显,服务企业同技术创新网络中节点企业的沟通与交流越来越多,理念上也在趋向匹配与互补,形成服务业创新网络与技术创新网络的沟通,这是非常重要的沟通渠道,但相对于技术维度的沟通渠道而言,概念创新的无形性、意识性所致的隐蔽性较强。

三、中间性渠道——顾客界面和传递系统创新沟通

顾客界面与服务传递系统的显现程度是介于与有形物质关系密切的技术维度和同无形意识相关的概念维度之间的中间程度,同技术和概念维度的依赖性都比较强,因此称为中间性沟通渠道。

服务业创新要以服务概念为指导思想,以技术为现实支撑。服务业是一个顾客深度参与的行业,顾客在服务业创新网络中参与服务生产的

过程和时间较长,服务企业也特别重视尽可能地同顾客无缝接触,顾客服务界面的管理与创新是服务业创新研究的一个焦点。而且,服务创新的无形性和易模仿性促使服务企业努力形成顾客偏好的和习惯性的服务界面,在同样服务质量的情况下,维系和吸引更多的顾客。服务传递系统与顾客界面又是相关联的渠道,它决定着通过什么样的组织方法与传递形式把服务传送给顾客,比如管理与服务方面的认证标准体系都影响着服务顾客的界面。在技术创新网络中,随着挖掘市场信息与潜在顾客的竞争需求,顾客的反馈作用与安装基础都会影响到制造业企业的规模经济,为顾客提供便利、友好的操作界面,表现出制造业企业正在逐渐凸显出客户导向的创新生产。而制造业中的传递系统可以分为组织人员系统、组织信息系统、零部件传递系统、产品配送系统等,主要都是围绕产品制造与技术创新开展的辅助系统,是整个制造与生产系统的有机组成部分,也使网络中产业链条的重要环节得以创新。整体传递过程的运行是否高效、流畅影响着制造业企业作为节点在网络中的重要性以及能否成为有影响力的核心节点。服务业创新网络与技术创新网络在顾客界面和传递系统上的沟通是制造业企业和服务业企业共赢的重要联系通道。

第五节　价值创造

　　城乡商业企业存在的基础是价值创造,最初企业对价值创造的认识局限于财务管理领域,后来逐渐扩大到战略管理领域,并扩展到城乡商业企业的整个经营管理过程中。在实践中,城乡商业企业价值创造已经成为城乡商业企业各项管理工作的核心,越来越多的城乡商业企业意识到只有不断创造价值才能立于不败之地。从价值创造的角度来理解城乡商业企业商业模式构建和发展,其实质是以顾客价值创造为起点,以城乡商业企业价值实现为终点的全过程。换句话说,城乡商业企业商业模式创新即是价值创造过程的创新。随着互联网的蓬勃发展,城乡商业企业价值创造的方式发生了翻天覆地的变化,在互联网思维的影响下,城乡商业企业需要从新的视角去开展价值创造,以适应激烈的市场竞争环境。

一、互联网思维下的价值创造

价值创造,顾名思义就是城乡商业企业价值的创造过程。从最初的有形产品,到无形服务,再到信息和知识,城乡商业企业创造的价值一直处于动态变化之中。互联网思维是一切商业思维的起点。互联网出现后,传统城乡商业企业价值链的活动方式必然发生变化,城乡商业企业理应对价值链进行重构。互联网思维强调用户至上,关注用户价值。因此,互联网思维下的城乡商业企业价值必然将由原来的以利润为导向转变为以市场和消费者为导向。

(一) 变化中的城乡商业企业价值

对价值的界定最早起源于经济学领域,经济学家亚当·斯密第一次提出了商品的使用价值和交换价值,为科学认识价值的内涵奠定了理论基础。城乡商业企业价值的概念是随着产权市场的建立而被提出的,起初以经济学的价值内涵为主要依托,随后对城乡商业企业价值的研究扩展到了其他领域。在管理学领域,城乡商业企业价值的定义不同于经济学上的定义,认为城乡商业企业价值是城乡商业企业遵循价值规律,通过以价值为核心的管理,使所有城乡商业企业利益相关者(包括股东、债权人、管理者、普通员工、政府等)均能获得满意回报的能力。显然,城乡商业企业的价值越高,城乡商业企业给予其利益相关者回报的能力就越高。随着网络经济的发展,企业价值的形式发生了变化,其创造与创新的逻辑也发生了改变。

在互联网环境下,企业价值从何而来? IBM 公司曾做过一个关于企业价值来源的调查研究,学者、员工、商业伙伴、客户、竞争对手都是调查的对象。调查结果出乎意料,调查对象中员工数量排名第一,熟知企业价值研究的学者却排名最后。为何会如此? 企业对数据结果进行了分析后,得出主要原因之一是互联网的发展。随着数字信息时代的到来,企业把自己的想法放在网站,员工通过网上进行匿名回答,此做法使得员工能够大胆地说出自己对企业的真实看法,同时,由于员工对企业本身的了解,他们提的问题和看法也是对企业最有价值的。从上述情况中我们意识到由于互联网的发展,企业价值的体现发生了变化,这些变化归纳起来主要表现为以下四个方面:

第一,高效。随着互联网的发展,企业的价值形式由物质产品中的价值转变为信息和知识中的价值,这种转变的其中一个重要原因就是互联网获取信息传递方式的转变,互联网使得信息传递方式变得高效、快捷,这改变了传统买卖双方交易中信息不对称的状况,信息的对称性降低了客户的搜寻成本和议价成本。同时,这种高效的传递方式使得网上交易变得公开透明,减少了中间的交易环节,有效降低了沟通和交易成本。

第二,互补。互补是指两种不同商品或服务能互相捆绑、补充,共同满足用户某种愿望或需求的关系。企业向用户提供的互补性商品或服务,通常与企业的核心业务有关,企业通过把互补性的产品或服务聚合在一起,使该组合的产品或服务的价值大于个别价值的总和,因此,互补性的产品或服务能为企业创造新的价值。互联网环境下,企业能更好地通过线上和线下产品或服务的协调互补来实现全方位的服务,从而创造更大的价值。

第三,锁定。锁定是指企业为阻止用户流失、合作伙伴的背叛而采取的一种战略手段。在互联网经济中,价值创造的潜能在于用户是否愿意重复交易,以及合作伙伴是否愿意继续开展双方的业务往来。企业通过锁定,增加用户与合作伙伴的转换成本,如微软的 Windows 操作系统、腾讯的即时聊天工具 QQ 都是通过锁定策略阻止用户和合作伙伴的流失,在很长一段时间里,拥有绝对稳定的用户群和合作伙伴。因此,对用户和合作伙伴的有效锁定能增强企业价值创造的潜能。

第四,创新。创新是指以现有的思维模式提出有别于常规或常人思路的见解,并利用现有的知识和物质,在特定的环境中,改进或创造新的事物、方法、元素、路径、环境,并能获得一定效益的行为。对于企业来说,创新包括产品或服务的创新、生产工艺的创新、市场营销的创新、企业文化的创新、企业管理的创新等,企业创新是企业获得价值的重要来源。以企业的营销方法创新为例,互联网条件下,企业在营销方式上不断创新,改变了传统的营销手段、营销策略与营销理念,这些创新企业在竞争中拥有了更多的主动权。

(二)企业价值链的重构

企业价值链是企业价值创造的主要来源。价值链是由哈佛教授迈克尔·波特在《竞争优势》一书中首次提出的,指企业的价值创造是通过一系列活动构成的,这些活动可分为基本活动和辅助活动(支持性活动)两类。基本活动包括进料后勤(物流)、生产、发货后勤(物流)、市场和销售、售后服务等;而辅助活动则包括采购、研究开发、人力资源管理和企业基础设施等。这些互不相同但又相互关联的生产经营活动,构成了一个创造价值的动态过程,即价值链。

目前,从金融到地产,从电商公司到传统企业,铺天盖地的"互联网思维"成业界热词,如何用互联网思维颠覆传统行业成为各行各业讨论的热门话题。在互联网思维下,传统商业者甚至每个参与市场竞争的企业及企业家,都已不再是看客。在数字信息时代,传统企业价值链的活动方式发生了变化,整个价值链上的结构进行了重组,价值的实现形式不同于以往。作为一种新型信息传输的载体,互联网以其无中心、无边界和快捷、普及等特性,迅速成为全球波及面最广、影响最深远的媒介。因此,相对大规模单向生产、单向推广的工业化思维,所谓互联网思维就是:身处互联网数字信息时代的独特生态环境,顺应其颠覆性态势,企业重新审视和解构各相关体利益格局、全价值链运营策略的思考方式。

互联网思维本质上是一种用户至上的商业民主思维。工业化时代,很多企业也在倡导和标榜"用户至上"的理念,而能否真正做到,完全取决于企业的自我约束力。但是,在数字信息时代背景下一切发生了大逆转,消费者同时扮演着生产和传播信息的媒体角色,其主权地位得以强势确立,每个人都拥有了改变世界的力量,传统的品牌霸权和渠道霸权逐渐丧失发号施令的能量。

因此,互联网思维下,企业价值链条的设计和制订必须以客户为中心,消费者反客为主,深度介入产品设计研发、生产销售的全流程。同时,消费者需求的个性化及其强烈的情感诉求,使得产品迭代变得快速而频繁。人们消费方式和信息接收习惯的根本性改变,也决定了产品销售、品牌传播的渠道、策略和方法的选择。互联网思维本质上就是一种顺应人性的管理自主思维。"互联网精神"强调"开放、协作、分享、共赢"。企业的内部管理同样如此。

真正的互联网思维体现在企业价值链的各个环节。一方面,互联网思维的企业组织一定是扁平化的,它讲究小而美和高效率、高效益。比如,稻盛和夫所推崇的"阿米巴计划"就可以理解为是互联网思维的产物。另一方面,在互联网思维指引下,企业文化建设充分体现出对人性的尊重,无论在理念的倡导还是传播实践的举措上,都强调潜移默化的自然互动,追求润物细无声的沟通效果。总之,互联网和移动互联网让我们重新回归到商业的本质。以图书出版业来说,传统图书出版业的价值链活动顺序是从最上游作者到图书出版商到图书批发商再到图书零售商,最后才是消费者,数字信息时代电子商务的发展,使得图书可通过网络方式进行交易,传统图书出版社的流程也随之发生变化,从作者到出版最后直接到消费者手中,省去了中间分销环节。

由此可见,传统企业在向互联网领域拓展的过程中,需要将互联网思维贯穿整个价值链过程,对企业原有价值链进行重新改造,这样才能真正适应互联网大潮中新经济的发展和变革。

(三)价值创造的新思维

在数字信息时代,企业要想创造新的价值,需要运用新思维对价值链进行重塑,这种新思维即是互联网思维。那么什么是互联网思维呢?最早提出互联网思维的是百度公司创始人李彦宏。他说,我们这些企业家们今后要有互联网思维,可能你做的事情不是互联网,但你的思维方式要逐渐以互联网的方式去想问题。现在,这种观念已经逐步被越来越多的企业家,甚至企业以外的各行各业、各个领域的人所认可,对"互联网思维"这一词也产生了多角度的解释。

在 2013 年全球 ICT 论坛上,时任华为公司轮值 CEO 胡厚崑说道:"在互联网的时代,传统企业遇到的最大挑战是基于互联网的颠覆性挑战。为了应对这种挑战,传统企业首先要做的是改变思想观念和商业理念。要敢于以终为始地站在未来看现在,发现更多的机会,而不是用今天的思维想象未来,仅仅看到威胁。"胡厚崑还将互联网比喻成生活中不可缺少的基础设施,他说道:"互联网正在成为现代社会真正的基础设施之一,就像电力和道路一样。互联网不仅仅是可以用来提高效率的工具,它还是构建未来生产方式和生活方式的基础设施,更重要的是,互联网思维应该成为我们一切商业思维的起点。"阿里巴巴前董事局主席马云认为:"互联网不仅仅是一种技术,不仅仅是一种产业,更是一种思想,是一种价值观。互联网将是创造明天的外在动力。创造明天最重要的是改变思想,通过改变思想创造明天。"

二、企业价值创造驱动因素

企业价值驱动因素是影响和推动企业价值创造的决策变量。对于企业价值创造驱动因素,应该从企业价值及价值创造本质出发,以创造顾客认同的价值为根本途径,以实现企业价值创造最大化为目标。

(一)基础层驱动因素

第一,财务表现。企业在分析自身价值驱动因素时,最常采用财务分析的方法对企业价值的主要来源进行度量和判断。企业价值的财务表现具体包括公司盈利能力的指标、资产营运能力的指标、公司成长性的指标、营运、投资支出的指标和资本成本的指标。人类社会已进入新经济时代,知识、网络、数字是这个时代的特征。这个时代是创新的时代,同时也是优胜劣汰的时代,优胜劣汰是自然法则,而创新则唯一受这个法则的青睐。新时代赋予了企业机遇和挑战,财务管理作为企业的一个重要部分,更应当未雨绸缪发展创新,走在时代的前面。传统企业向互联网转化的过程中,企业财务表现也发生了变化,基于用户思维,企业从品牌运营到企业产品营销,一切以用户为中心,企业财务上也将大部分研发费用及销售推广费放在构建技术创新、品牌口碑以及与用户互动的营销活动中;网络技术的普及、应用能使财务管理更好地发挥在提高经营管理和规避运营风险方面的作用,但需树立安全和保密观念,加强网络运用的安全和保密工作。企业财务管理必须重视对知识和人力等无形资本的管理。知识管理的出发点是把最大限度地掌握和利用知识资本作为提高企业竞争力的关键,创造性地运用和发展知识,对企业实行新时代的财务管理。在大数据思维的指导下,企业更加注重应用大数据技术弥补原有的信息缺陷,使企业能够及时地获取产品使用反馈信息,从而指导企业生产和物流,在这种情况下,企业财务中商品的存货及长期资产投入变低,相应的存货周转效率及资产周转率变高。

第二,运营能力。企业的运营能力,是指企业基于外部市场环境的约束,通过企业内部资源的配置组合而对财务目标的实现所产生作用的大小。企业内部包含人力、信息、资本等多种资源,这些资源的创建和维护需要相关投入。如何合理配置才能使这些资源起到应有的效用,体现并维持企业竞争优势? 在互联网环境下,互联网思维要求在第一时间发现顾客的需求并设计出满足其需求的产品或服务。一方面要对各地区农户的消费需求变化做出第一时间的反馈,开发新的适合的产品来推向市场;另一方面要及时观察同行企业的变化,学习其先进的地方并做好创新,应基于用户思维,围绕顾客需求分配资源,为满足顾客需求有效利用资源,只有这样,使用的资源所创造的价值才能达到最大。在互联网思维下,可以通过大量关联话题制造"病毒式"传播,使品牌的热度得以持续;还可以组建自己的粉丝群,定期召开线上线下的粉丝会议,以点带线全面地发展粉丝经济。与此同时,在大数据思维的作用下,企业资源的概念不再是企业拥有多少资源,而是企业能调度多少资源,企业不仅通过内部资源的流动和重组获取利润,而且还要善于整合外部资源为己所用。

(二) 中间层驱动因素

第一,研发能力。研发能力主要表现为产品开发和技术进步。一方面,产品开发包括创造性研制新产品,或者改良原有产品。产品开发是企业产品战略中的重要组成部分,它决定产品的特征、功能和用途。有效的产品开发能帮助企业创造较高的价值,为此,产品开发应选择那些能够顺应并且满足用户需求的产品样式,这一点在数字信息时代变得尤为重要。在数字信息时代,用户的需求瞬息万变,且更加追求个性化的产品,为适应这种变化,企业需要通过迭代思维来开发自己的产品。迭代思维的落实主要体现在对产品的敏捷开发,敏捷开发强调的是循序渐进式的开发方式,不追求产品完美,尽早将产品推向用户,但同时也会及时接受用户的反馈,通过不断试错和改错来完善产品。由此可见迭代思维应用成功的要点是以用户为中心,针对用户反馈对产品做出及时的调整。一些互联网企业就经常通过其粉丝论坛等方式来收集用户需求,而一些嗅觉敏锐的传统企业也已开始在网上通过与粉丝互动来征集用户对产品的意见和需求。另一方面,在现代激烈的市场竞争中,无论是产品服务成本的降低,还是产品服务质量的改进,都依赖技术水平的提高。显然,技术水平的改进将极大地提升企业价值。根据经济学原理,技术改进可以极大地缩短企业生产产品的社会必要劳动时间,从而生产产品的必要劳动时间大大低于社会生产产品的平均劳动时间,使企业获得超额利润。此外,技术改进可以极大地提高生产效率,扩大生产规模,扩大产品服务的市场占有率,增加产品服务的市场优势。

在数字信息时代,信息流动更新的速度更快,为适应新的环境变化,企业在技术改进的时间要求上也变得更为严苛,如何在较短的时间内改进产品技术,并赢得消费者的青睐,是企业面临的一大挑战。为应对这一挑战,企业在不断实践中发现了一个新的产品创新形式,即"微创新",它是在互联网思维下诞生的新概念,也是迭代思维的重要法则之一,从360到小米无不是微创新的成功典范,传统企业需打破技术创新的思维定式,学会在细微之处推进产品技术的更新换代。

　　第二,营销能力。营销能力主要包括产品或服务力、品牌力、顾客关系管理力。首先,产品或服务力是决定企业价值创造力的重要因素。消费者之所以能产生与企业进行交易行为的动机,其主要诱因就是产品本身能带给消费者使用价值。因此,产品本身的效用能否满足消费者的需求,始终是决定企业能否带给消费者价值的一个首要因素,这同时也是企业获得利润的前提条件。事实证明全球已逐步进入网络媒体时代,网络营销已经成为主流的企业营销方式。网络时代的到来开拓了企业的网络营销之路,让越来越多的企业意识到网络营销对于企业品牌塑造和产品销售促进的重要性。在互联网环境下,企业的产品或服务力变得尤为重要,原有传统环境下的渠道为王逐步让位于产品为王,企业要在产品为王的时代赢得用户,就必须具备极致思维。极致思维要求企业在做产品时做到专注和专业,乔布斯就是打造产品极致的成功典范,正是他对产品的专注和追求极致的精神将苹果带向了成功。其次,消费者在其对产品或服务基本效用的需求得到满足后必然会有更高层次的需求。品牌力是企业的产品或劳务的价值超过其自身价格的部分在消费者心中的影响程度。企业品牌力的形成是一个长期积累和沉淀的过程。具有较高知名度和美誉度的品牌能给消费者带来更多的价值,继而使消费者产生一种品牌偏好,其产品就必然具有市场竞争优势。因此,培育品牌力对提高企业形象与声誉,创造新的价值至关重要。最后,企业的长期生存和发展是一个系统工程,受到价值链条中各种力量、角色的作用。要长期有效地开展市场营销活动必须维系良好的顾客关系。顾客关系管理就是以顾客为中心来认知产品或服务的价值,其目的是为顾客提供满足其需求同时超越竞争对手的产品或服务,继而为企业创造价值。在互联网经济时代,企业借助各种网络平台来开展顾客关系管理,以此来了解、研究、分析客户的需求与欲望,确定企业应该生产什么产品,并设法降低客户购买和消费成本,把产品或服务有效率地传达到客户那里,通过企业与客户的双向沟通,建立基于共同利益的新型企业。

(三)核心层驱动因素

核心层驱动因素是企业提升自身价值、获取竞争优势的关键所在。核心层因素能够综合反映一个企业的核心能力,这种核心能力是企业在长期发展过程中形成的独特资源,因此具有价值性、稀缺性、难以替代性的特征。企业的核心能力主要体现在企业的战略管理方面。企业的战略管理包括企业的竞争战略、组织结构、管理制度等,它是企业高效有序运转、实现其核心能力的组织和制度保证。因此,企业不断地创造和培育核心能力是实现企业价值创造的重要途径。

第一,企业战略。企业战略是企业最重要的管理活动,是企业价值形成的决定性因素,是企业价值创造的源泉,能对企业价值产生持续重大的影响,并能长期提升企业价值。企业战略一般是通过行业吸引力分析的方法来做出企业未来业务发展规划,当选定一个有吸引力的行业或市场后,企业需制定正确的竞争战略,由此获得竞争优势。企业对自身竞争战略的正确把握直接关系到企业持续盈利能力,盈利能力越强,企业创造的价值就越大。

第二,组织结构。组织结构的概念有广义和狭义之分。狭义的组织结构,是指为了实现组织的目标,组织全体成员在管理工作中进行分工协作,在职务范围、责任、权利方面所形成的动态结构体系。广义的组织结构,除了包含狭义的组织结构内容,还包括组织之间的相互关系类型,如专业化协作、经济联合体、企业集团等。组织结构表明了组织各部分排列顺序、空间位置、聚散状态、联系方式以及各要素之间的相互关系,是整个企业管理系统的"框架"。其本质是为实现企业发展目标而采取的一种分工协作体系,合理的组织结构能帮助企业创造较高的价值,实现价值最大化。

第三，管理制度。管理制度包括企业治理和管理控制。企业治理是关于企业利益相关者如投资者、企业管理层、员工之间相互约束、相互控制的有利于企业实现经济利益的一系列制度安排。企业治理通过绩效考核、薪酬规划、投资者关系管理来促进企业价值创造活动的贯彻和实施。管理控制是以企业价值最大化为出发点，涉及计划的执行、组织活动的监督、企业发展战略的控制等一系列管理活动。管理控制的目的是使企业战略被有效执行，从而使企业的发展目标得以实现。

数字信息时代下的商业竞争不再是企业与企业之间的原始"肉搏战"，更多的是企业与企业的"平台战"，平台成为企业的重要驱动力，为此企业要将平台思维融入战略选择、组织结构和内部管理中。何为平台思维？平台思维是互联互通互动的网状思维，是开放的、创新的思维，是一种重要的思维方式和工作方式。平台思维倡导开放、共享、共赢，平台思维的精髓在于打造多主体的共赢共利生态圈。平台思维的内在逻辑是通过平台把信息、人才、技术、资本、人脉等优质资源都聚集起来、整合起来，然后深度地挖掘它，既能开阔视野思路，又使资源之间发生联系和互动，实现价值倍增的创新创造。平台型企业并不是未来的畅想，事实上很多企业已经成为名副其实的平台公司，如淘宝、百度、京东、当当等，这些企业正在以平台模式横扫各个行业，未来孤军奋战的企业战略模式将很难在这一新的平台生态圈中生存。

三、数字信息时代企业价值创造过程

价值创造是一个动态连续的过程。从一般意义上讲，它是指基于价值的追求，通过企业资源、组织结构、管理制度等方面的优化与整合实现的企业整体价值增量。价值创造并不是简单的价值转移、加和，而是整个价值链战略整合的结果。企业价值创造的过程主要包括价值确定、价值主张和价值实现三个步骤，企业价值创造驱动因素贯穿于企业价值创造的全过程。

(一)价值确定

价值确定是整个价值创造过程的第一步,决定了我们要做的事是否正确。互联网环境下,企业在进行价值确定时应将用户思维放在首位,在这个阶段首先应确定企业的目标顾客,其次才是确定企业应该提供什么样的产品或服务。

目标顾客是指企业的产品或者服务的针对对象,是企业产品的直接购买者或使用者。目标顾客要解决的根本问题是企业准备向哪些市场区间传递价值。企业确定目标顾客一般要经历以下几个步骤:

第一,初步判定。在初步确定目标客户群体时,必须关注企业的战略目标,包括两个方面的内容:一是寻找企业品牌需要特别针对的具有共同需求和偏好的消费群体;二是寻找能帮助公司获得期望达到的销售收入和利益的群体。通过分析居民可支配收入水平、年龄分布、地域分布、购买类似产品的支出统计,可以将所有的消费者进行初步细分,筛选掉因经济能力、地域限制、消费习惯等原因不可能为企业创造销售收入的消费者,保留可能形成购买的消费群体,并对可能形成购买的消费群体进行某种一维分解,分解的标准可以依据年龄层次,也可以依据购买力水平,还可以依据有理可循的消费习惯。

第二,需求分析。对目标顾客群体进行初步分析之后,企业下一个目标就是对该目标顾客群体进行细化的需求分析,为此,企业需要从多个角度了解消费者的不同需求,如从消费者的行为、态度、信仰、购买动力等各个方面来了解他们的真正需求,为了进一步确定目标客户群体是否能为企业带来更好的效益,通常企业会通过具体的市场调查活动对目标客户进行深入的定性和定量研究。

第三,寻找和挖掘。市场调查是寻找和挖掘目标顾客的有效途径。

市场调查主要分为传统调查和网上调查两种方式,传统调查主要包括观察法、实验法、访问法。传统调查主要通过市场调查人员在现场调查、样品测试、问卷调查等具体活动来获得目标顾客的相关数据。随着互联网的发展,越来越多的传统企业开始关注网上用户这一群体,并通过网上调查的方式来寻找网上目标顾客群。网上调查的途径有多种,主要包括搜索引擎、网上问卷、网站论坛、电子邮件等。

企业在确定目标客户群之后,就可以根据不同目标客户群的特点来定位和调整企业所要提供的产品或服务,以此来保障企业的产品或服务能够适应顾客的需求变化,并为企业创造更有效的价值。

(二)价值主张

价值主张是企业通过其产品和服务所能向消费者提供的价值。企业要将自己的核心认同和价值观有效地传达给消费者,需要确立一个价值主张,企业的一切传播和营销活动必须围绕价值主张来进行。企业在确立价值主张时需要注意三个原则:一是所提出的主张必须是真实、可信的;二是提出的主张必须是其他产品所没有的;三是所提出的主张必须是具有销售力的。企业的价值主张一般包括顾客价值主张和品牌价值主张两个方面。

第一,顾客价值主张。顾客价值主张是指对顾客来说什么是有意义的,即对顾客真实需求的深入描述。企业在制订顾客价值主张时,应该做好三件事:第一件事是对顾客价值取向的发展趋势做出正确的判断,对未来市场竞争趋势做出正确的阶段性预测。第二件事是根据自己的资源结构特点,进行战略选择。第三件事是在顾客价值取向发生不利于自身战略的转变时,要做出色的领跑者。传统企业在制订顾客价值主张时,容易只从自身产品和服务优势出发来考虑顾客价值主张,而较少考虑目标顾客及竞争对手的情况。在互联网条件下,由于顾客需求的差异化,企业尤其要注意从顾客的角度出发,承认顾客的多样化选择,突出自己与竞争对手的不同之处,抓住目标顾客最看重的几个要素展示自己产品和服务的优势,要做到这些,企业必须做好顾客价值的创新,顾客价值创新主要包括两个层面:一是为新的顾客群体提供价值主张,即开发新的市场机会;二是在已知市场中提供更具竞争力的价值主张,从而将顾客吸引过来。

第二,品牌价值主张。品牌价值主张不仅包括提供给消费者的利益,而且还包括品牌对社会的态度和观点。消费者的利益,可以通过市场调查得到。品牌对社会的态度和观点主要来自对社会行业潮流的把握。一个没有价值主张的品牌,就像一个没有灵魂的肉身,不会引起任何情感。品牌价值主张是能够把静态品牌动化、活化、人格化的一种关键策略,它表现出了品牌的一贯立场,是一种市场承诺,它让人们看到了它存在的价值。同时品牌主张也是一种文化,它透视着一种品牌的精神内涵。因此,品牌价值主张在企业价值主张的打造过程中有着十分重要的地位。

(三)价值实现

价值实现就是把产品或服务交付到最终用户的手中,也就是将价值主张转化为行动。企业商业模式追求的价值实现,不是企业价值的独享,更不是建立在对顾客欺诈和对合作伙伴压榨的基础上的。这种长久价值的实现应当是以多赢为前提的。企业价值的实现首先表现为顾客价值的实现,即顾客认为购买所得大于顾客支出的成本。顾客从企业所提供的产品和服务中获得了超过预期的体验和效用,这是企业价值得以实现的基础。其次表现为伙伴价值。企业与合作伙伴共同通过优化价值链,减少费用,提高运作效率,共享增加的收益。这是企业价值得以实现的保障。最后是企业价值,企业实现最终赢利。

由此可见,价值实现的内容涉及价值链的各个参与主体,价值实现的过程即是对价值链的构建过程。在互联网经济背景下,企业价值链从一个单向链式过程转变成一个以顾客为中心的价值网络体系,这种价值网络体系是在专业分工的生产服务模式下,通过一定的价值创造机制,按照合理的治理框架,将处于价值链上不同位置并存在密切关联的企业或者相关利益体结合在一起,共同为顾客创造价值,价值网络体系的构建主要包括价值链的解构和价值网络的形成。

第一,价值链的解构。价值链是由一系列价值活动构成,对价值链的解构实质是将价值链各个环节进行分解细化,使其成为具有某种标准接口、可以相互连接的子价值模块。企业通过对价值链的解构,能快速分辨和找到价值链中那些对企业价值创造起到关键作用的价值活动环节,确定关键价值活动能帮助企业重新审视其原有价值链,并在此基础上可以进行价值链的重新组合,从而提高其创造价值的效率。

第二,价值网络的形成。价值链解构后形成的子价值模块是重新构建价值网络的基本要素。这些基本要素按照新的规则和标准进行重新整合,形成新的模块化价值链。随着互联网经济时代的到来,具有不同价值链体系的企业纷纷采取合作战略,把各自的价值链连接起来,进而演变成包含供应商、渠道伙伴、服务提供商以及竞争者的企业价值网络。企业价值网络能够将价值链中各个参与者协同在一个无形的网络平台上,通过不同组织模块之间的协作、创新和竞争,全面满足用户的差异化需求,从而更好地适应环境的变化。

四、价值创造实现最大化

在今天迅速变化的竞争环境里,价值链各环节的参与主体关系越来越密切,这也使得越来越多的企业认识到价值链管理的重要性,价值链管理要解决的是如何通过价值链优化实现价值创造的最大化。价值链优化也是目前大部分企业在价值创造过程中最薄弱的环节,如果价值链优化问题解决得好,那么企业乃至整个行业的竞争能力都能得到提高。因此,企业必须要从战略的高度重视、思考价值链的优化问题。

由于在一个企业价值链活动中,并不是每一个环节都创造价值,企业所创造的价值,实际上来自企业价值链上的某些特定的价值活动,这些真正创造价值的经营活动,就是企业价值链的"关键环节"。为此,企业在优化价值链,实现价值创造最大化的过程中,应重点考虑价值链上的关键环节的优化。在数字信息时代,企业应充分利用网络优势改造这些价值链上的关键环节,实现价值链的优化。以下将重点从顾客、产品和组织结构三个方面阐述其与价值链优化的关系。

(一)顾客导向与价值链优化

随着互联网技术的广泛应用,企业之间的竞争日趋加剧。以往企业习惯通过提高自身产品或服务的质量来确立竞争优势。当众多企业都以相同或相似的方式来获取竞争优势时,反而无法达到最终的效果。企业在追求价值实现的过程中应以顾客为导向,向顾客提供优于竞争对手并且不易被竞争对手模仿的产品或服务价值,只有这样才能为企业真正带来持久的竞争优势。

企业在进行价值链优化的过程中,应将其与顾客价值紧密联系在一起。企业价值链的优化过程,涉及企业内部生产经营活动和外部营销活动,这些活动都应坚持顾客导向,以提高顾客价值创造和提高效率为目的。顾客价值是企业资源、能力与有吸引力的市场之间的重要链接。市场吸引力的强弱以是否满足顾客需要为主要判断标准,因此,企业应当从顾客的角度去分析企业应当为顾客提供什么样的产品或服务。对顾客需求的绝对重视是价值链发展的原则和目标。顾客的价值优势是保证企业持续发展最重要的竞争优势,因而企业竞争战略和发展战略制订必须以顾客需求为基点。只有充分满足顾客需求的企业产品才能够赋予顾客最大最实在的利益,是企业产品真正体现的价值所在和能满足、吸引消费者的实质所在。

(二)产品需求与价值链优化

企业在坚持以顾客为导向的价值创造过程中,还必须注意根据顾客的产品需求来选择不同的价值链优化方案。根据需求模式可以将产品划分为两种类型:功能性产品和创新性产品。许多企业试图把功能性产品转变成创新性产品,却把精力主要放在物质效率的供应链上,即试图依靠对市场反应不灵敏的供给链供应创新性产品,从而造成了供给链的低效率。企业在价值链优化的过程中,必须根据顾客对产品需求的不同来选择不同的优化方案,才能使自己获得更大的竞争优势。

(三)组织结构与价值链优化

价值链的优化是一个持续发展的过程,这个过程除涉及顾客和产品之外,还涉及一个重要因素就是企业的组织结构。组织结构的主要功能在于分工和协调,所以,通过组织结构优化,将企业的价值创造过程转化成一定的体系或制度,融合进企业的日常生产经营活动中,发挥指导和协调的作用,以保证企业战略目标的实现。因此,组织结构优化是企业总体战略实施的重要环节。在互联网环境下,电子商务正经历一个非常好的发展时期,正由"全程化"向"智慧化"阶段转变。对于企业来说,电子商务是企业外部交互性与企业内部信息化的一种结合。企业在发展电子商务的过程中,这种结合的高效性是与"智慧化"相适应的,同时,这也需要企业的组织结构进行配合才能实现。因此,随着电子商务的发展,对企业的组织结构进行变革和优化就显得极为重要。企业的组织结构优化应把握好四项基本原则,即扁平化原则、专业化原则、统一原则、分工与协作原则。互联网思维下组织结构优化的任务是将网络经济中电子化、无边界、知识化、柔性化、虚拟化、扁平化的思想融合到新的组织结构中,在进行企业组织结构优化时,应从以下几个方面入手。

第一,做好关键活动分析,以确定组织经营形态结构。许多企业对内部出现的组织问题力不从心。比如组织体系管理紊乱、人浮于事、组织效率低下、内部管理无从下手、凭经验主义、没有适应新业务的成熟管理手段和方法等问题。因此,企业在新形势下想了解组织结构的有效与否必须深入分析和甄选企业的关键活动,用组织结构的手段把这些关键活动有效组织起来,使其处于被管控状态。同时对组织的战略进行明晰,分解成年度经营指标,根据经营指标的导向性有效梳理分析出组织的关键活动。

根据部门的核心主业务设计岗位,对岗位工作进行专业分析。从部门的主要职能分解到岗位,对岗位的工作任务、工作量、工作职责、工作权限、工作标准、工作流程、任职资格进行有效分析,建立岗位说明书和工作指导作业书。根据岗位说明书,合理建立岗位绩效目标考核,通过岗位职责的明确,达到组织优化解放高管,提升管理效率的效果。

第二,采用分权制组织。分权制组织是现代企业特别是大企业所普遍采用的一种组织结构形式,是以产生目标和结果为基准来进行部分的划分和组合。在当前的互联网环境下,对于我国企业来说,实行分权制组织创新是一种战略先导型组织创新,对我国企业适应快速多变的外部环境有着突出的作用。

采用分权制组织有利于提高互联网环境下企业管理的灵活性和适应性,还有利于企业高层摆脱过多日常行政事务,集中精力做好有关企业的重大的事情,也有利于企业进行专业化生产。采用分权制组织必须妥善处理分权这个问题。一般来说,处理这个问题需要注意以下几个原则:一是分权而不放任;二是因事择人,视能授权;三是分权适度。

第三,进行组织管理变革,使组织结构向扁平化与专业化转变。可从以下两方面着手。其一,扁平化。目前,我们绝大多数企业都采用直线职能制这种组织结构形式。这种组织结构形式是把企业管理机构和人员分为两类:一类职能机构和人员,按专业化原则从事组织的各项职能管理工作;另一类按命令统一原则对各级组织行使指挥权。近几年,互联网思维下的组织结构扁平化作为一个时髦的名词或者说法在管理界可谓风行一时。而随着互联网在组织中的应用,企业的信息处理、整理、传递和经营控制的现代化,金字塔式的传统层级结构正向层次少、扁平化的组织结构转变。这种转变,可以减少中间层次,加快信息传递的速度,也可以更加快速地了解、追踪和满足顾客的需求。通过这种组织的创新,可以不断为顾客创造新的价值。企业可以运用"网站结构"的扁平化对企业组织结构进行改革,尤其是对顾客服务部分进行改造,从而适应互联网快速、多变的节奏。其二,专业化。互联网环境下企业所面临的经营环境的不确定性更高,在此情况下,每一种商业模式都不会一成不变,而要让其能够不断拓宽市场,就要不断地进行创新。这种创新所带来的商业服务的专业化是企业实现快速、持续、稳定增长的重要法宝。组织专业化是指采用通过细化和分工的手段,由具体的部门对组织的管理职能进行专业化管理的过程。当然,组织专业化也包括将部分管理职能进行外包而采取的各种手段与措施。组织内部与外部环境对组织专业化有着重大的影响:从组织内部环境来看,组织技术、组织成员特征与组织生命周期等都会影响组织专业化的决策;从组织外部环境来看,地区法律建设、市场化进程等因素也会影响到组织专业化的决策。因此,作为组织的高层管理者,首先,应当充分考察组织所处的内外环境;其次,考量组织专业化的前提条件;最后,结合组织现有条件,采取有步骤的专业化进程。

第四,做好组织结构优化的保障工作。企业在应对数字信息时代时,还需要相应的措施来保证组织结构优化的有效进行。首先,应树立一种优化变革意识。企业管理者应具有组织结构的变革意识,应尽可能满足企业运营中对信息化技术的需求,促进企业的信息化。其次,将最新的组织理念、思想与企业实际进行融合。企业完成组织结构变革后,随着企业内外部经营环境的变化,企业的现状可能与最初设想并不相符,这时企业应将目光转向国内外最新的一些组织结构与管理理念,看是否可以与自身的企业组织结构进行融合。最后,对组织成员进行相应培训,以形成良好的信息化内部环境。电子商务是将一系列计算机与通信技术相整合的系统,而科技总是在不断变化的,组织成员作为企业信息化的一分子,提高他们的专业素养以及进行知识更新是十分重要的。

五、超越客户期望值

每个人是充满各种需要(物质和精神需要)的复杂体,也是其自身利益与行为的最佳判断者与知情者。因此,顾客会根据自身对企业产品购买的感受做出自己的判断与反应,当企业通过价值创造带给顾客的感受和利益超过其期望后,顾客会产生"意外之喜",其满意度也陡然升高。在互联网环境下,如何超越顾客的期望值是一个值得探讨的话题。

第一,速度。在互联网环境下,首要的是要讲究服务速度,并通过该手段来迅速了解、追踪和满足顾客的需求,从而超越顾客的期望。对顾客的反复研究表明,顾客不喜欢等太长时间才能得到产品或服务。综观所有的行业,人们都需要及时得到别人的注意。淘宝网满足顾客需求方面的速度是非常快的,而为了在这方面做得更好,阿里巴巴公司也积极尝试收购"顺丰快递公司"。在没有结果的情况下,2014年6月阿里巴巴与"中国邮政"达成战略合作,双方将在物流、电商、金融、信息安全等领域全面开展深度合作,合力建设中国智能物流骨干网络。很显然,阿里巴巴深知:在互联网环境下,速度满足和超越顾客期望的重要性,也正因为如此,才锲而不舍地寻找物流企业合作,提升公司的服务速度。

第二，信息。积极利用互联网来传递信息也很重要。互联网不缺乏信息，每天都有海量的信息充斥其间，然而顾客面对如此多的信息，眼花缭乱，不知如何选择。因此，企业在帮助顾客选择信息方面如果能有所作为的话，则可以得到顾客的青睐。比如，企业可以利用上述手段，首先知晓与追踪顾客的需求与期望，而后向顾客送出精准的信息，把信息送到顾客的心坎里，使之满心欢喜。在此情况下，则可大大提高顾客对企业的忠诚度，从而超越顾客的期望。

第三，便利。互联网环境所带来的便利对于满足与超越顾客的期望值也非常重要。如何通过更为方便的方式使产品或服务超出顾客的期望值呢？这也许是当今困扰人们的效率问题中最能发挥潜力的方面。如果你能在提供方便方面提出许多想法来超出期望值，就可以拥有非常强的竞争优势。比如以前要汇款、查询银行账户的余额，都要到银行柜台去办理。如今，在互联网环境，网银的广泛应用，使得我们可以通过网上银行就可轻松搞定。因此，企业要密切关注这一点，建设好公司本身的网站，为顾客提供更多的便利。这样做不但可以提高公司的办事效率，而且在某些方面也可以给顾客带来_____享。

第四，个性化。在互联_____满足顾客个性化需求方面也大有可为。如今，每家公司_____的顾客提供个性化服务。企业可以利用互联网的环境进_____来满足顾客个性化的需求。而这个个性化是由在那里工_____无数个小行为组成的。效率、专业、礼貌、关心和素质等方_____言谈举止表现出来，这也是企业最有所作为的方面，需要企业积极关注和行动。

第五，价值。当然，在互联网环境下，我们也不可忽视产品价值方面对超出顾客期望值的贡献。价值总是与价格相关。实际上，价值是一个相比较的概念，一般指与价格相对应的产品或服务的质量。很多企业都在拼命降价，以提高顾客对价值的认可。但是降价并不是特别有效的方法，并且也不是最好的方法，企业更应通过提高顾客的感知价值来超越

顾客的期望。有时顾客需要的也特别简单,比如设施的舒适程度、服务人员的仪表与服务环境的外观等,当然企业的可信任程度、企业的品牌形象等都是创造更高的感知价值的重要因素。要想超越顾客的期望值,企业需要创造一种很强的感知价值,在以上这些方面都可以做很多事情。

第六节　数字信息时代城乡商业企业经营模式

从产业发展本身而言,商业企业经营模式既是一种政策性选择和安排,又是体制的设计与运行。产业发展环境、制度与政策、产业发展主体、产业发展载体、产业发展客体之间相互影响,对企业经营模式的选择有决定作用。从城乡空间关系上看,城乡商业企业经营模式不是城市商贸和农村商贸的各自发展,也不是简单地通过城市给予农村资金、人才等办法支持农村市场加快发展,而是加大城乡资源的双向交流和优化配置。城乡商业企业经营模式必须选择有利于城乡商贸融合、互动与互补的发展模式,单纯从城市商贸或单纯从农村商贸发展的角度出发考虑问题都不符合城乡商业企业经营模式的本质要求。参照城乡统筹发展理论与城乡商贸流通产业发展实际,城乡商业企业经营模式有以下几种:

一、城乡市场网络化发展模式

城乡市场网络化是指城乡市场之间构成一个有序化的关联系统及

运行过程,并通过这个过程获得一种特有的网络组织功能效应,以形成一定地域的城乡市场之间网络设施完备、产业内在联系密切、要素流转通畅、组织功能完善,从而构成一个维系城、镇、乡三级市场网络系统共生共长的空间模式。该模式强调城乡市场统筹规划,加强城乡市场基础设施建设,完善区域内城乡市场网络化布局,完善城乡市场网络体系的衔接,加强城乡间商贸产业联系程度,通过连锁化、网络化、信息化发展城市市场和农村市场的多种关联。比如,将城市与农村对接的市场服务向农村延伸,建立符合农村需要的农村消费品市场、农业生产资料市场;城市商贸流通企业通过发展产供销一体化经营,与农民联合兴办商品基地,发展"订单农业",扩充稳定优质的货源;农村批发市场与城市连锁超市、仓储式商场和便利店建立联系,直接配送商品进城;大型批发市场发展农村分市场等,通过城乡市场的网络化连接,可以解决工业品下乡和农民买卖难的双重问题。

二、小城镇商业发展模式

小城镇是城乡联系的重要节点。该模式强调农村地区小城镇商业的发展,以数量众多、分布合理的小城镇商业为节点,形成遍布全市的完整、分散的城镇商业体系,将城市与农村两个相对独立的经济体有机衔接起来,实现城乡资源的双向流动,形成以大城市为中心,以中小城镇为节点的资源要素双向流动的网络体系。小城镇商业的发展,还有利于创造良好的生活环境,使小城镇成为城乡统筹中农村人口转移的主要吸纳地。

三、供应链网络连接模式

供应链网络系统将分布于城乡间的供应商、制造商、分销商、零售商、最终用户连成一个整体的功能网络,供应链网络连接模式强调通过现代流通中的供应链、服务链和价值链,构筑城乡间商流及物流与市场的双向流通系统,形成纵横交织、共生共荣、紧密联系的网络化城乡商贸流通体系。城市与农村经济活动分布于供应链网络系统的不同环节中,依靠供应链连接纽带,将城乡间产供销、产加销业务活动连为一体。

四、产业联动模式

产业链是各个产业部门之间基于一定的技术经济关联,并依据特定的逻辑关系和时空布局关系客观形成的链条式关联关系形态。产业联动模式主要是基于城乡产业间客观存在差异,加强商贸流通业与关联产业的互动,以产业间和产业内不同行业间的有效合作和联动,充分发挥城乡产业比较优势,促进城乡产业协同发展。如通过延伸城乡的贸工农产业联动发展、商旅文一体化发展、专业市场、工(农)业园区与物流联动发展等,实现城乡产业互利共赢。

五、龙头企业(市场)带动模式

该模式以经营主业突出、管理技术先进、核心竞争力强、辐射面广、产业带动力强的实力雄厚的龙头企业(市场)为主导,带动供应链中相关企业(个体)商贸活动的开展,克服流通活动中"小而散、多而乱"、流通组织化程度过低、流通效率低下、产业带动力不足的状况。如"万村千乡"工程中以大型连锁企业为龙头,深入村社开办连锁超市、便利店,带动农村商业发展;大型商贸龙头企业、龙头市场以"公司+基地+农户""市场+基地+农户"等方式,带动种养产业化,带动农村劳动力向非农产业的转移。

第六章　数字信息时代城乡商业企业的实践

第一节　城乡商业企业所面对的数字信息时代背景

　　根据国家统计局数据显示,2015—2019 年,我国国内生产总值达到 99.1 万亿元,增长 6.1%。全年城镇新增就业 1352 万人,年末城镇调查失业率、城镇登记失业率分别为 5.2% 和 3.62%。全年居民消费价格指数上涨 2.9%。国际收支基本平衡,外汇储备保持在 3 万亿美元以上。

　　宏观政策方面,以减税降费为重点,积极的财政政策加力提效,财政支出结构持续优化,民生等重点领域资金需求得到有力保障。全国一般公共预算收入 19.04 万亿元,增长 3.8%;全国一般公共预算支出 23.89 万亿元,增长 8.1%;财政赤字 2.76 万亿元,与预算持平。全年减税降费 2.36 万亿元。合理扩大专项债券使用范围,加快专项债券发行使用。稳健的货币政策松紧适度,逆周期调节效果持续显现,信贷结构不断优化,对实体经济特别是小微企业、民营企业信贷投放力度进一步加大。年末广义货币(M2)余额增长 8.7%,社会融资规模存量增长 10.7%。更大力度实施就业优先政策,援企稳岗力度进一步加大,失业保险基金稳岗返还政策全面落实,高校毕业生、农民工、退役军人等重点群体就业总体保持稳定。

一、推进供给侧结构性改革,城乡商业企业着力畅通供需循环

一是农业供给侧结构性改革深入推进。毫不放松抓好粮食生产,粮食总产量连续第 5 年保持在 0.65 万亿千克以上。启动重要农产品保障战略,实施大豆振兴计划。粮食生产功能区、重要农产品生产保护区基本划定。持续加强农田水利建设,完成 8000 万亩高标准农田和 2000 万亩高效节水灌溉任务。加强非洲猪瘟防控,加快恢复生猪生产,进一步完善蔬菜产供储销体系。完善粮食最低收购价政策和棉花目标价格政策,重要农产品收储制度和重要农资储备制度改革深入推进。农产品冷链物流仓储设施及冷链运输较快发展。农村产业融合发展持续推进,累计创建 107 个现代农业产业园、210 个农村产业融合发展示范园。新型农业支持保护政策体系加快建立健全。

二是制造业转型升级步伐加快。出台推动制造业高质量发展政策措施,发布产业结构调整指导目录(2019 年版)。运用市场化、法治化办法淘汰煤炭落后产能 1 亿吨左右,稳妥推进钢铁企业兼并重组,推动重大石化项目建设。实施新一轮技术改造工程,推动中国标准地铁 A 型车

等一批国产首台(套)技术装备示范应用。

三是服务业高质量发展扎实推进。出台支持服务业高质量发展、传统服务行业改造升级等政策措施,大力培育新业态新模式,推动先进制造业和现代服务业深度融合发展,支持共性技术研发、工业设计、工业互联网等平台建设。

四是支持实体经济降成本力度加大。制造业等行业增值税税率从16%降至13%,交通运输业、建筑业等行业从10%降至9%,实施小微企业普惠性税收减免,小规模纳税人增值税起征点由月销售额3万元提高到10万元。企业职工基本养老保险单位缴费比例高于16%的省份已全部降至16%,阶段性降低失业、工伤保险费率政策延续一年。深化利率市场化改革,社会综合融资成本明显降低。清理政府部门和国有企业拖欠民营企业、中小企业账款6647亿元。进一步压减政府定价经营服务性收费目录,减免部分行政事业收费并降低收费标准。一般工商业平均电价再降10%,全年降低企业用电成本846亿元。扩大电力直接交易规模,降低企业购电成本约790亿元。降低成品油、天然气门站价格和跨省管道运输价格,减轻用户负担约650亿元。取消和降低铁路、港口、民用机场部分收费,减轻企业负担100多亿元。

五是消费惠民新增长点不断拓展。出台促进商业消费、促进家政服务业提质扩容、激发文化和旅游消费潜力、促进全民健身和体育消费、促进"互联网+社会服务"发展等政策措施,加大对夜间消费的支持力度,鼓励汽车、家电、电子产品更新消费。电子商务进农村综合示范深入实施,农村地区快递网点超过3万个,乡镇覆盖率达96.6%。全年社会消费品零售总额突破40万亿元,增长8.0%。全国网上零售额达10.6万亿元,增长16.5%,其中实物商品网上零售额增长19.5%,占社会消费品零售总额的20.7%。成功举办2019年中国品牌日系列活动。

六是重点领域有效投资合理扩大。发布实施《政府投资条例》,适当降低重点领域项目资本金比例。健全重大项目储备机制,积极推进专项债券项目建设。规范有序推进政府和社会资本合作(PPP),鼓励民间资本参与补短板重点领域建设。172 项重大水利工程已累计开工 144 项。印发实施交通强国建设纲要。23 个国家物流枢纽建设稳步推进。川藏铁路前期工作扎实推进,北京大兴国际机场建成投运,乌东德、白鹤滩等大型水电站加快建设。2019 年年底,铁路营业里程达 13.9 万千米,其中高速铁路 3.5 万千米,民用运输机场达 235 个,新增 220 千伏及以上电网里程 3.4 万千米,油气干线里程 0.4 万千米。全年固定资产投资(不含农户)增长 5.4%,其中民间投资增长 4.7%;投资结构持续优化,高技术产业投资和社会领域投资分别增长 17.3% 和 13.2%。

二、三大攻坚战取得重大进展

一是脱贫攻坚工作扎实推进。强化产业、就业、消费等扶贫,集中力量攻坚"三区三州"等深度贫困地区"两不愁三保障"突出问题。累计支持 733 万户建档立卡贫困户实施农村危房改造。累计建设易地扶贫搬迁安置区 3.5 万个、住房 260 余万套,可安置 947 万建档立卡易地扶贫搬迁人口,提前一年基本完成"十三五"规划建设任务。加大后续产业扶持和就业帮扶力度,定点帮扶等工作有力推进。全年农村贫困人口减少 1109 万人,贫困县摘帽 344 个,贫困发生率降至 0.6%。截至 2019 年底,97% 现行标准的贫困人口实现脱贫,94% 的贫困县实现摘帽,区域性整体贫困基本得到解决。

二是生态环境保护和污染防治有力推进。坚决打好蓝天、碧水、净土保卫战,细颗粒物(PM2.5)未达标地级及以上城市年均浓度下降 2.4%,地表水质量达到或好于Ⅲ类水体比例为 74.9%。非化石能源占能源消费比重达 15.3%,提前一年完成"十三五"规划目标。启动第二轮中央生态环境保护例行督察。落实河长制湖长制。县级水源地生态环境问题整治基本完成,地级及以上城市黑臭水体消除近87%。坚定不移推进禁止洋垃圾入境,全国固体废物进口量减少40.4%。启动"无废城市"建设试点。加快实施排污许可制度。发布绿色产业指导目录(2019年版)。开展能源消耗总量和强度"双控"行动、国家节水行动、绿色生活创建行动。单位国内生产总值能耗下降2.6%,万元国内生产总值用水量下降6.1%。完善天然林保护制度,扩大退耕还林还草,实施荒漠化、石漠化综合治理。启动生态综合补偿试点。单位国内生产总值二氧化碳排放量降低4.1%。

三是金融等领域重大风险得到有效防控。地方政府隐性债务和企业债务风险处置稳妥推进,宏观杠杆率过快上升势头得到遏制。影子银行无序发展得到有效治理,部分高风险金融机构特别是中小银行"精准拆弹"取得阶段性成果,互联网金融等涉众风险得到治理。金融市场运行平稳有序,外汇市场和人民币汇率总体稳定。金融监管制度进一步完善。

三、城乡商业企业创新驱动发展,科技创新能力进一步提升

一是自主创新步伐加快。重大科技成果持续涌现,嫦娥四号成功在月球背面着陆,北斗三号全球系统核心星座部署全面完成,5G商用加速推出,长征五号遥三运载火箭成功发射,首艘国产航母"山东舰"正式列装。科技创新2030—重大项目和国家科技重大专项深入实施,高能同步辐射光源等一批国家重大科技基础设施开工建设。全面创新改革试验稳步推进,169项先行先试改革举措基本完成。北京、上海科技创新中心建设取得重要进展,粤港澳大湾区国际科技创新中心建设顺利起步。北京怀柔、上海张江、安徽合肥等综合性国家科学中心建设全面加速,大湾区综合性国家科学中心加快谋划建设。

二是新动能加速培育。启动国家数字经济创新发展试验区建设。

统筹推进重大信息化工程建设,实施一批"十三五"重大政务信息化工程。战略性新兴产业集群发展工程深入实施。

三是创新创业创造活力持续增强。开展科研项目经费使用"包干制"和"绿色通道"改革试点。成功举办 2019 年全国双创活动周。截至 2019 年底,全国高新技术企业超过 22.5 万家,科技型中小企业超过 15.1 万家,分别增长约 24% 和 15%。我国创新指数世界排名提升至第 14 位,企业数量日均净增 1 万户以上。

四、城乡区域发展协调性不断增强

一是乡村振兴战略加快实施。乡村振兴战略规划确定的重大工程、重大计划和重大行动启动实施。乡村旅游、休闲农业等新业态不断涌现。持续推进农药化肥减量增效,加快推进农作物秸秆、畜禽粪污资源化利用。农村水电路等条件显著改善,农业农村污染治理攻坚战全面展开,农村人居环境整治加快推进。乡村文化建设和乡村治理深入推进。

二是新型城镇化质量稳步提高。建立健全城乡融合发展体制机制的政策措施印发实施。1000 多万名农业转移人口落户城镇,1 亿名非户籍人口在城市落户工作取得重大进展,全国常住人口城镇化率达 60.60%,户籍人口城镇化率达 44.38%。中心城市和城市群人口集聚能力逐步提升,都市圈建设有序推进,特大镇设市取得突破,特色小镇发展进一步规范。

三是区域协调发展新机制加快构建。支持西部大开发、东北振兴、中部崛起、东部率先的政策体系更加完善。京津冀协同发展有力有序推进,雄安新区转入施工建设阶段。长江经济带生态环境突出问题整改和生态环境污染治理成效显著。粤港澳大湾区建设规划政策体系进一步完善。长三角区域一体化发展规划纲要印发实施,生态绿色一体化发展示范区启动建设。黄河流域生态保护和高质量发展规划纲要启动编制。老少边贫等特殊类型地区加快振兴发展,对口支援有力推进。海洋经济发展示范区建设全面启动。

五、全城乡商业企业市场主体活力进一步激发

一是营商环境持续优化。"放管服"改革向纵深推进,《优化营商环境条例》颁布,构建中国营商环境评价体系,在全国 41 个城市开展营商环境评价。印发市场准入负面清单(2019 年版),清单事项压减至 131项。规范投资审批行为,投资审批"一网通办"水平不断提高。工程建设项目审批环节继续精简。部门联合"双随机、一公开"监管逐步推行,"互联网+监管"事项清单加快制定,全国信用信息共享平台功能和服务不断完善,以信用为基础的新型监管机制加快构建。全国一体化政务服务平台上线试运行,金融信用信息数据库服务网络覆盖全国。

二是混合所有制改革、产权保护、激发保护企业家精神等改革联动推进。第四批 160 户混合所有制改革试点启动实施。加强产权和知识产权保护,甄别纠正涉产权冤错案件取得重要突破,涉政府产权纠纷问题专项治理行动有序开展。出台支持民营企业改革发展、促进中小企业健康发展的政策措施,建立健全企业家参与涉企政策制定机制。

三是要素市场化配置改革加快落地。制定促进劳动力和人才社会性流动体制机制改革意见。修订证券法,设立科创板并试点注册制,改革完善贷款市场报价利率(LPR)形成机制。扩大高校和科研院所科研相关自主权,开展赋予科研人员职务科技成果所有权或长期使用权试点,构建技术转移服务体系。修订土地管理法、城市房地产管理法,建设用地使用权转让、出租、抵押二级市场进一步完善,工业用地多方式出让和市场供应体系更加健全。

四是重点领域改革深入推进。国家石油天然气管网集团有限公司

组建成立。全面放开石油天然气上游勘查开采准入。出台教育、科技、交通运输等领域中央与地方财政事权和支出责任划分改革方案。电力交易市场化程度进一步提高,增量配电业务改革和电力现货市场建设试点稳步推进。深化燃煤发电上网电价形成机制改革,风电和光伏上网电价改革、农业水价综合改革、交通运输价格改革有序推进。改制成立中国国家铁路集团有限公司和中国邮政集团有限公司。行业协会商会与行政机关脱钩改革全面推开。

六、对外开放型经济新格局逐步构建显形

一是共建"一带一路"扎实推进。第二届"一带一路"国际合作高峰论坛成功举办。累计与 138 个国家和 30 个国际组织签署 200 份共建"一带一路"合作文件。中巴经济走廊等建设进展顺利。雅万高铁、中老铁路、瓜达尔港等重大项目取得积极进展,中俄东线天然气管道投产通气。与法国、英国、日本等 14 个国家建立第三方市场合作机制。"一带一路"绿色发展国际联盟正式启动,"数字丝绸之路""丝路电商"建设合作有序推进。中欧班列累计开行突破 2 万列,通达欧洲 18 个国家的 57 个城市,综合重箱率达 94% 。西部陆海新通道总体规划印发实施。

二是外贸发展稳中提质。推进贸易高质量发展的指导意见印发实施。第二届中国国际进口博览会成功举办。区域全面经济伙伴关系协定(RCEP)谈判取得重大进展。对欧盟、东盟以及"一带一路"沿线国家进出口保持较快增长,集成电路等高附加值产品及知识密集型服务出口保持快速增长。新设 24 个跨境电商综合试验区,市场采购贸易方式试点、服务贸易创新发展试点扎实推进,综合保税区等海关特殊监管区域发展质量进一步提升。

三是利用外资水平持续提升。外商投资法及实施条例出台实施。进一步扩大鼓励外商投资范围,鼓励外资投向制造业和生产性服务业,

支持中西部地区承接外资产业转移。全国和自贸试验区外资准入负面清单分别缩减至40条、37条。放宽在华外资金融机构持股比例和业务范围限制,扩大金融市场双向开放。推进国家级经济技术开发区创新提升。完善企业外债备案登记管理,加强重点行业外债风险防范。全年实际使用外商直接投资1381亿美元。

四是自贸试验区建设取得积极成效。增设上海自贸试验区临港新片区,新设山东等6个自贸试验区,实现沿海省份全覆盖,并首次在沿边地区布局。向全国复制推广自贸试验区49项制度创新成果,累计复制推广223项。海南自由贸易港建设加快推进。

五是境外投资平稳发展。实施企业境外经营合规管理指引,中国装备、技术、标准和服务稳步"走出去",全年非金融类境外直接投资1106亿美元。人民币跨境融资渠道逐步拓宽,人民币国际化有序推进。

七、民生进一步得到保障和改善

一是稳就业促增收力度加大。落实就业优先政策,出台实施进一步做好稳就业工作意见。强化重点群体和就业困难人员帮扶,全方位完善公共就业服务,拓展劳动者流动就业空间。2020年使用失业保险基金向115万户企业发放稳岗返还552亿元,惠及职工7290万人;向126万人次失业保险参保职工发放失业保险技能提升补贴20亿元,从失业保险基金结余中拿出逾1000亿元支持职业技能提升行动,超额完成补贴职业技能培训1500万人次以上的目标任务。深入推行终身职业技能培训制度,职业技能公共实训基地建设持续加强。多措并举促进居民增收,努力增加劳动者特别是一线劳动者劳动报酬,居民人均可支配收入超过3万元。

二是社会保障体系进一步完善。基本养老保险覆盖人数达9.68亿人,企业职工基本养老保险基金中央调剂比例从3%提高到3.5%,退休人员基本养老金稳步提高。划转部分国有资本充实社保基金工作全面推开。城乡居民医疗保险和大病保险制度更趋完善,医疗保障扶贫、医保药品目录调整等工作扎实推进。通过工伤保险为194万名工伤职工及供养亲属提供待遇保障。2020年有461.2万名失业人员领取到不同期限的失业保险金,平均每人每月1393元,保障水平稳步提高。稳步推进低保制度城乡统筹,健全低保标准动态调整机制,全面实施特困人员救助供养制度。推进城镇老旧小区改造,城镇棚户区改造开工316万套,大中城市住房租赁市场加快培育。

三是公共服务补短板、强弱项、提质量,深入推进。国家财政性教育经费支出占国内生产总值比例继续超过4%,对困难地区和薄弱环节教育投入力度不断加大,九年义务教育巩固率达94.8%,高中阶段教育毛入学率达89.5%,高等教育毛入学率超过50%,高职院校扩招100万人目标顺利完成,分层分类开展国家产教融合建设试点。健康中国行动启动实施,区域医疗中心建设试点稳步开展,药品集中采购和使用试点积极推进,促进中医药传承创新发展的意见印发实施。推进养老服务发展的政策体系更加完善。妇女儿童权益保障工作不断加强,规范托育机构设置和管理,促进3岁以下婴幼儿照护服务发展。食品、药品等重点领域监管不断加强。基本公共文化服务均等化水平不断提高。长城、大运河、长征国家文化公园建设统筹推进。加大对全民健身中心等项目建设支持力度。国家积极应对人口老龄化中长期规划印发实施。2020年年末总人口达14.0005亿人,人口自然增长率3.34‰。

第二节 数字信息化新形势下城乡商业 企业经营模式的核心利器

个性化消费需求和数字信息时代的来临,更要人们探求一种符合中国国情的城乡商业企业经营模式,什么是好的经营模式呢? 可以把它归结为"1+5"的盈利模式,通过数字化转型,目的是必须要赚钱,一个好的商业模式首先是盈利的,怎么样去盈利呢? 要有一个核心,以消费群体,以供应商群体为核心,而电子商务、网上交易、电子支付、物流配送等都要以这个为核心。

一、聚焦主业,提升核心竞争力

根据"十四五"规划的总体要求,要在经济发展取得新成效,在质量效益明显提升的基础上实现经济持续健康发展,增长潜力充分发挥,国内市场更加强大,经济结构更加优化,创新能力显著提升,产业基础高级化、产业链现代化水平明显提高,农业基础更加稳固,城乡区域发展协调性明显增强,现代化经济体系建设取得重大进展。

这一总体目标的提出,对各行业均提出了要求。在后疫情时代,企业如何抓住机遇,扬长避短,实现自我突破,关键在于提升核心竞争力。在整体经济不乐观的情况下,聚焦主业,整合优势资源,注重打造自身核心竞争力,成为当下企业较为理性的选择。

关于多元化和多业态的问题,具体来讲是两个概念:一是多元化。所谓一元化是指自己有主业,同时在搞一些商业地产或者是金融,或者是其他一些行业,比如酒店业,甚至农庄、基地,甚至有的人还去养猪,这是一种多元化。作为零售业来讲,每个企业刚开始进入这个市场的时候,总是从某一个角度去做的,就形成了自己的核心竞争力。多元化的问题,可以通过多元化来回避市场波动的风险,在一定时期这个领域的盈利能力去弥补另一个领域的亏损,这样我总是有那么一块业务是盈利的。二是多业态的发展。零售企业的多业态发展应该是一种发展趋势,我国零售百强 70% ~80% 都是多元化、多业态经营,比如超市,还有百货,有人把它形成百超模式,既有高端的消费群体,也有低层次的消费群体。

现在一些零售企业,特别是一些零售企业集团,基本上采取多业态的经营,也就是有好几种业态同时在经营,这样的话他的业务就扩大了,消费群体也就扩大了。是不是每一个企业都应该是多业态经营的呢?不一定。做超市自有做超市的核心竞争力,包括外资超市或国内的超市都有其核心竞争力,它在这个领域是不可比拟的,像沃尔玛、家乐福、麦德龙,这样一些企业的核心竞争力是做综合超市。这也是为什么这几年超市发展很快的一个重要的原因,他们是一心一意做他们的核心业务、业态。

经过多年的发展,我国企业集团已经从过去的盲目多元化,开始向强调突出主业、提高企业集团竞争力方面转变。2020 年的政府工作报告为提高国企核心竞争力勾勒出了更明晰的施工图:国企要聚焦主责主业,健全市场化经营机制,提高核心竞争力。国企将从推进科技创新及其他各方面创新、聚焦主责主业推进重组整合、三项制度改革行动落地等多维度发力,深化国资国企改革发展。对国企的要求对于城乡商业企业来说同样具有启发性和可行性。

(一)大力创新提高核心竞争力

增强核心竞争力就是要增强企业经济竞争力、创新力、控制力、影响力、抗风险能力。企业的核心竞争力,主要体现在创新引领能力、产业链供应链掌控能力与市场影响力等方面。城乡商业企业提高核心竞争力,需要进一步加大研发投入力度,完善科研创新机制,提升研发产出质量,加快创新成果转化,在行业内或者本领域内保持竞争优势。

(二)聚焦主业推进整合

在增强企业创新能力的同时,还要坚持有进有退、有所为有所不为,聚焦主责主业发展实体经济,着力推动企业优化调整。

当前,我国城乡商业企业存在业务领域过多、产业布局过度分散、企业之间业务重叠与重复投资问题突出等现象。通过行业整合,对重复投资、同质化竞争问题突出的领域进行重组整合,在调结构、优布局过程中大力发展具有高附加值和区域竞争优势的核心产业和龙头企业。

就领域而言,重点围绕智慧物流、智能交通、智能制造、智慧港口、智慧园区和金融科技等领域,加速推进传统产业和数字科技的深度融合,突破传统产业现有商业模式和边界的束缚,早日形成以数字科技引领的增长方式,增强创新力,做成一流产业,切实提升企业核心竞争力。

二、微利时代下的管理提升

社会发展,高房价、高人工成为一个趋势,当高房价逐渐拥有品牌后,地价也就提高了,这是不矛盾的。高人力成本也是一个发展趋势。长期以来,由于我国人口红利的优势,低工资现象在相当一段时期内存在。但随着人口红利的结束,我国已经迈入老龄化时代,各个行业工资水平的提高是一个发展趋势。这无疑增加了企业的人工成本,整个社会迈入了微利时代。既然我们无法改变这一现状,只能在管理上狠下功夫,通过管理水平的提升来实现企业的竞争力提升。

(一)通过积累数字化新型人力资本,增加人才附加值,提升管理效率

管理的关键在于人,现代化,包括计算机、网络、物联网,最终还是需要人去掌握它、运用它,人的理念、人的素质、人的文化,这些都会体现在企业的竞争力方面。

当前,世界经济加速数字化转型,数字经济蓬勃发展,各国高度重视数字经济发展,我国已经迈入数字经济时代。数字信息时代,人是第一生产要素和生产力。借助数字化技术,提升人力资源管理水平,成为微利时代管理提升的有效路径。

首先,构建新型人力资源管理体系。新形势下,必须调试传统管理理念和方法,着力构建管理定位、管理原则和管理制度三位一体的新型人力资源管理体系。一是以优化组织环境,提升服务战略实施能力作为管理定位。根据数字技术变革趋势、企业经营模式迭代和组织灵活调整的需要,明确人力资源管理核心能力,强化各种人事制度设计及执行,最终实现企业营运组织环境的优化,保障组织战略实施。二是切实落实"以人为本"管理原则。数字经济时代对人的创造力有极高的要求,人在工作过程中是否有积极性,或积极性多高,对于其能力的发挥至关重要。三是以科学规范制度体系配置人力资源。必须清晰制度规范,在严格的成本约束的条件下,实现企业人力资源的最佳配置,推动劳动要素、经济要素和技术要素的高效配合,调整人力资源配置上的结构性矛盾。

其次,基于数字化转型人力资源运营,将人力资本得到最大效率释放。企业的人力资源部门应该自动进行改革转型,直接通过端到端的流程步入数字化运营,通过数字化管理使其流程更加简洁自动,还可以通过智能化的员工服务体验,从而提升服务意识,通过一系列的数字化应

用,形成系统化的人才管理,从而为企业战略发展需要提供人才供应链。

再次,释放员工创造力的组织环境转型。深刻认识数字经济时代以创新和创业为特征的工作形态,以内部数据和外部数据为基础,结合组织人才管理现状和垂直领域工作特征,开展更科学的工作设计、岗位安排和激励体系。

最后,创新人力资源管理手段。当务之急是运用数据分析、人工智能等技术提升人力资源管理水平。由于人力资源管理的对象是人,可定量程度远远低于流程管理、产品管理和资产管理等,相较于其他模块,人力资源管理的可量化性不够,增加了人力资源管理的难度,降低了人力资源管理的专业性。数据分析、人工智能等技术的使用可以提升人力资源管理的可预测性,实现前瞻性管理。

就当前全球市场发展水平而言,世界市场最有竞争力的地方在哪儿?答案是中国。传统经济依靠价格优势的时代一去不复返。今后,管理、技术将成为竞争优势提升的利器。因此,通过管理水平的提升,即通过人的提升来实现企业竞争力的提升必将成为未来企业竞争的趋势,这也是微利时代企业的必经之路。

(二)以互联网为依托,提升企业软实力,增强企业竞争力

随着社会竞争的加剧,仅依靠企业硬实力不足以支撑企业的快速发展。在当今互联网背景下,企业软实力成为企业实现可持续发展的切入点,它包含的价值观、管理方法、企业文化等软性要素能力在企业生存发展中起着关键作用。在"互联网+"时代下,利用网络技术对企业软实力进行提升,把网络创新成果应用于企业软实力的各个构成要素中,提升企业发展的创新力与竞争力显得尤为重要。借助"互联网+",提升企业软实力,可通过以下策略:

1.创新"互联网+"品牌管理,提升品牌价值

品牌形象是消费者决定购买和对企业忠诚的重要保证。在互联网

背景下,结合大数据、云计算等技术宣传企业品牌,通过制订数字化品牌管理策略,转变传统管理的思维模式,创新提升企业软实力。具体策略有以下几点:一是建立"互联网+"品牌营销人才队伍,为企业储备优秀人才;二是积极鼓励企业电商发展,结合微博、微信公众号、抖音等互联网平台实现线上线下互动宣传,进行深入推广;三是通过大数据的信息收集功能,分析企业针对性的目标群体,明确品牌定位,塑造优秀的品牌形象。

2.创新"互联网+"管理方法,提高管理科学化水平

"互联网+"管理方法创新集中表现为科学数字化知识在管理中更广泛的运用以促使企业管理系统的进一步完善。通过使用互联网技术,科学管理企业,建立规范的治理结构;建立科学化的管理制度,深入推广数字化、网络化管理,提高管理效率,降低管理成本;合理分配资本、人才、科技等要素,使企业各种资源得到优化,以使企业自身整体实力进一步增强,从而为企业健康长久发展奠定一个良好基础。通过数字化管理模式,逐步探索建立适应企业发展需要、具有企业自身特色的创新管理方法,并不断发展和完善,使创新管理工作给予企业一定的支持条件。

3.创新"互联网+"人才管理,提升人才素质

人力资源管理是企业软实力发展的关键要点,企业的发展需要人力予以支撑。在互联网大数据飞速发展的今天,企业管理者应积极学习网络知识与技能,充分利用技术资源,最大限度地提升管理效率,更好地为企业的发展储备人才;与此同时,企业应当为员工提供一个良好的学习环境,让员工能充分接触信息化时代下的网络知识,以提升员工的整体素质。通过"互联网+"人才方式,提升企业人才储备软实力,从而为企业的发展奠定人才基础。

4.创新"互联网+"企业文化,营造健康文化氛围

企业文化能帮助企业员工塑造一致认同的价值观念,以凝聚企业的

向心力。新时代下,多数传统企业的文化建设活动并没有与时俱进,适应时代的发展需要,想要做好优秀文化建设,就必须顺应时代发展,而想要顺应时代发展就必须先了解时代发展。因此,企业应采用"互联网+"企业文化形式,通过开展多样的文化活动,打造优秀企业文化,使企业文化价值观念根植于每位员工心中。基于此目标,考虑达成企业整体共同的追求、共同的价值观念,企业的文化特色才能使企业在众多竞争者中脱颖而出。

微利时代的到来,使得企业面临巨大的挑战,但数字信息时代的到来也为企业带来了机遇,如何在竞争日趋激烈的环境中,体现出企业的竞争优势,胜出固然不易,却非没有机会。无论是借助人力增值,抑或软实力的打造,归根结底还是借助这个时代,实现企业自我的蜕变。

三、信息化的商业经营模式

个性化消费需求和数字信息时代的来临,更要我们探求一种符合中国国情的商业模式。比如百货商场,过去几千种商品甚至一万种商品,搞自营完全可以,买进来以后再卖出去。但是现在一个商场,几万种商品全部要搞自营、搞经销,这不可能,因为现在自营成本很高。这就决定了百货商场不能打价格战,必须树立品牌。从经营模式上来讲也要发生变化,在信息化的大背景下,城乡商业企业的经营模式也要随之进行创新,不能拘泥于一种模式,还有其他多种经营模式。具体采用哪一种经营模式,务必要搞清楚数字信息时代城乡商业企业经营模式的新特点和新变化。

(一)数据成为运营决策的基础

在当下的信息化数字化环境中,企业进行经营管理时,要强化对有效信息的整合,以及信息处理体系等系统的构建。企业能保障本身的业务往来或者数据分析,都是在保障数据真实性、有效性的前提下进行。经营管理不再是仅对内部数据的分析,更要利用一些系统性的平台,让企业的数据管理实现更高效率更高质量的升级。例如,企业要提升企业和行业、社会网络上的联系,利用不同平台来进行有关数据的整理和分析,以此保障对管理数据的更深层次、更全面的发掘和整理,让后续的数据处理分析工作更加真实有效,提升企业决策的有效性。此外,企业应强化对有关数据的搜索广度和强度,在保障企业名誉的前提下,制订各种不同的营销对策,让数据分析对企业营销更具备针对性,保障企业的稳定经营。

(二)数据管理分析人才将成为企业的关键资源

知识经济是互联网时代的一大发展趋势,为保障企业的经营和管理拥有源源不断的新思维,保障企业的可持续发展和不断创新,企业应当注重对对应专业人才的培养和招募。在数字信息时代下,市场竞争十分激烈,企业想要保障自身运营和生产,就要对内部人才的综合素质、知识技能提出一定要求。例如在人才招募和培养上,为保障对应的数据管理工作更具质量和效率,企业应培养相关人员的大数据技术能力、反应能力以及数据敏感性,让开展数据管理的人员具备较强的数据分析和整合能力,并做好对专业人才的储备、定期培训,以数据考核制度、奖惩制度等,保障企业人才的数据处理能力、管理能力有效提升。因此,数据管理分析人才必将在企业的发展中扮演着越来越重要的角色。

(三)企业内部建立更加全面和科学的企业网络成为企业信息化的有效路径

为了进一步提升企业的数据分析和管理能力,为数据建立起更加专业和系统的储存平台,将企业内部的数据实现链条化,从而进一步加强企业供应商以及下属机构对所有信息资料分类和辨别的工作效率。企业网络需要建立在科学合理的理论基础之上,融合企业的自身发展状况,重视企业的服务,从而推动自身信息网络建设的步伐,提升企业网络的创新能力,进一步强化对信息数据的分析和管理效率。

(四)依靠大数据,成为企业经营模式创新的必然趋势

大数据时代是一个处处都蕴含着商机的时代,每种数据背后都可能隐藏着巨大的商业价值。这是大数据时代所独有的特点,也是其自身魅力所在。因此,企业必须充分地对相关大数据进行收集并将其进行分析与整合,这样才能将其背后所蕴含的商业价值充分地发挥出来。随着信息技术时代的到来,我们的生活发生了翻天覆地的变化,客户需求也发生了较大的变化。对于企业来说,过去单一的管理模式已经不适合企业在当今社会的发展,未来企业的管理必须是符合时代特点的,满足客户个性化需求,做到精准营销,而大数据所隐含的丰富的信息量必然会为企业创新创造出更多的可能性。因此,对于企业来说必须紧跟时代的脚步,利用先进的管理技术、先进的数据分析技术以及专业的数据分析人员对数据进行科学且准确的分析,根据不同部门的需求将数据的利用率大大提高,充分发挥数据价值所在,这样才能够对市场进行准确的了解与把握,这才是对市场进行有效预测的手段,营销过程直击客户的关注点,满足客户个性需求,提高企业收益率。因此,对数据价值进行充分的挖掘是企业当前所应当做的事情,能够为管理者的经营管理提供更多的科学有效的依据,帮助其进行更加准确的、有效的决策,从而使企业能够实现更好的发展,进而获得更大的经济效益。

第三节　城乡商业企业数字化转型的实践案例

2019 年我国产业数字化增加值规模达 28.8 万亿元,同比名义增长 16.8%。在傲人的数字背后,从互联网巨头到初创企业,都在文旅、农业、制造等细分领域大展身手,助力传统企业蝶变,再造企业质量效率新优势,重塑产业分工协作新格局。

一、数字化促消费,提升城乡商业企业内需驱动力

2020 年 7 月 14 日,国家发展改革委等 13 个部门联合印发《关于支持新业态新模式健康发展激活消费市场带动扩大就业的意见》(以下简称《意见》),将重点培育 15 个数字经济新业态、新模式,方兴未艾的在线教育、互联网医疗、线上办公等均被涵盖其中。

从文件名称就能看得出来,新政的直接目的依然在于促进消费、增加就业,这也是"六稳""六保"工作中非常重要的内容,变化在于中央此次更加强调以数字化为内核的创新探索,业态要创新,模式要创新,甚至底层的商业逻辑也要创新。

《意见》提出"激活消费新市场""壮大实体经济新动能""开辟消费和就业新空间",一个"新"字贯穿始终。

(一)激活消费新市场,在线教育互联网医疗迎利好

国家统计局 2020 年 7 月 16 日发布的数据显示,1—6 月,社会消费

品零售总额 172256 亿元,同比下降 11.4%;全国居民人均消费支出 9718元,比上年同期名义下降 5.9%,扣除价格因素,实际下降 9.3%。

受新冠肺炎疫情影响,居民消费这一中国经济的"主引擎"遇冷明显。但是与此同时,以电子商务、到家业务、在线教育等为代表的数字趋势经济却逆势上涨,可谓东方不亮西方亮。

以零售行业为例,作为在这一领域线上线下融合发展的代表性企业,苏宁易购日前发布的 2020 年上半年业绩预告显示,1—6 月苏宁易购线上业务发展迅猛,商品交易规模预计同比增长 20.19%。二季度在五一、"6·18"等促销节点带动下,苏宁易购线上商品交易规模增幅扩大到 27.11%。

苏宁方面表示,面对疫情带来的不利因素,苏宁易购加快线上业务及门店数字化发展节奏,全力推进社群营销、离店销售和到家业务,同时加大开放平台扶持力度,快消、日百、个护类商品增长迅速,有效提高了平台的活跃度。旗下苏宁家乐福数字化改造步入正轨,继续实现经营性盈利以及经营性现金流转正。主打下沉市场的苏宁零售云以社群营销、门店直播等方式推动离店销售,二季度销售规模预计同比大增 127.57%。

概而言之,苏宁易购线上业务疫情期间逆势飘红,与其坚持多年的数字化转型有着莫大关系。

此次 13 个部门联合印发的《意见》提出"积极探索线上服务新模式,激活消费新市场""加快推进产业数字化转型,壮大实体经济新动能",这正是苏宁等企业探索多年的转型路径。

与大约 40 万亿元规模的零售市场相比,教育、医疗等市场同样体量巨大。为激活这些潜力无限的消费新市场,《意见》要求大力发展融合化在线教育,构建线上线下教育常态化融合发展机制,形成良性互动格局;积极发展互联网医疗,以互联网优化就医体验,打造健康消费新生态;鼓励发展便捷化线上办公,打造"随时随地"的在线办公环境,在部分行业领域形成对线下模式的常态化补充。这些政策措施的落地,必将给相关行业带来巨大红利。

(二)开辟就业新空间,首提"新个体经济"

"六稳""六保",就业优先。对于扩大就业,《意见》首次提出"新个体经济"的概念,要求积极培育新个体,支持自主就业。进一步降低个体经营者线上创业就业成本,提供多样化的就业机会。支持微商电商、网络直播等多样化的自主就业、分时就业。引导互联网平台企业降低个体经营者使用互联网平台交易涉及的服务费,吸引更多个体经营者线上经营创业。此外,"副业创新""多点执业"等也被纳入"新个体经济"概念。

对此,我们有理由认为,"新个体经济"这一创新概念的提出,意味着在数字化大潮中,就业模式正在从传统的"公司+雇员"模式向"平台+个人"模式转变,可为劳动者提供低门槛、多元化创富机会,一批有创意、有能力的"新个体工商户"将快速成长,为梦想插上翅膀。

(三)新旧模式转换中,作为平台一方的互联网"大厂"发挥着关键作用

2020年7月16日发布的《阿里巴巴全生态就业体系与就业质量研究报告》称,据测算,2019年阿里巴巴经济生态共蕴含就业机会6901万个,蓬勃的数字经济已经成为中国就业新引擎,新业态催生新职业,新技术带来新增量。比如说"云客服"等灵活就业机会,就为很多残疾人、贫困在校生、退伍军人、"4050"人员等传统劳动力市场上的弱势群体拓宽了就业渠道。

苏宁同样在加大平台开放力度。以苏宁零售云和苏宁小店为抓手,苏宁近年针对B端全面开放零售服务能力,帮助小镇青年和大学毕业生轻松创业、创富,为壮大"新个体经济"助力。

苏宁零售云采取"一镇一店"加盟模式,通过对县镇市场原有实体门店进行优化升级,利用苏宁在品牌、供应链、金融、物流配送、售后服务和互联网技术等方面优势,对接加盟商户在县镇区域的经验,共同开拓下沉市场,实现多赢。

随着苏宁零售云在下沉市场加速布局,势必会有更多"小镇老板"和"小镇青年"搭上苏宁智慧零售的快车,实现创业、创富之梦。

二、重庆小店云上寻机加快数字化转型

突如其来的新冠肺炎疫情,对全国小店经营者造成严重困扰。然而,截至2020年6月,重庆有16万家小店营收超过去年同期。同时,微信支付发布数据显示,2020年5月,在小店活跃度城市排名中,重庆位列全国第二。重庆小店,为何能快速实现V字反弹?逆势突围背后的原因是什么?

(一)小店也要加速数字化转型

"这机器可提示你店里货物销售情况,哪些产品卖得好、哪些货物利润率高……"因为安装了人工智能POS机,其服务的300多家乡镇便利店,4月销售业绩同比增加30%~40%,5月同比增加40%~50%。在县城经营的30多家社区便利店,疫情发生以来,营收一直保持快速增长。"疫情发生以后,很多公司加速安装了阿里巴巴提供的人工智能POS机,它除了能扫脸收钱,还能掌握店面的库存,并提出经营建议。"

在重庆,数字化转型已经成为小店的共同选择。阿里巴巴目前已在重庆小店铺设智能POS机4000台,接下来还将铺设3000台。上线电商平台的重庆小店也越来越多。仅5月10日母亲节期间,美团闪购平台鲜花外卖订单量同期相比增加3倍,重庆销量位列全国第四。

(二)数字化智能化让小店经济韧性更强

数字化智能化给小店带来了实实在在的利益,也让重庆小店经济更

具有韧性。据支付宝和网商银行此前公布的数据,开通了外卖的小店中,外卖生意占比从49%提升至61%。消费者无法到店,他们就送货到家。2020年6月7日,微信支付发布最新小店经济复苏大数据显示,零售、餐饮、出行等百余行当小店呈强劲复苏势头,广州、重庆、深圳小店活跃度排名全国前三。其中,重庆小店数量5月环比1—2月增长1.79倍,交易笔数增长2.87倍,交易金额增长1.21倍。

数字化对扩小店有高效的赋能效果,可降低店铺租金,提高生产效率,让店铺的服务半径扩大。小店要积极拥抱数字平台,开放流量数据,但数字平台也要注意对小店的数据保密,互利共赢。

(三)多方合作将使小店经济越来越火

随着小店经济持续升温,京东、腾讯、美团等越来越多的互联网企业加速布局重庆市场。

2020年重庆"6·18"电商节,美团在渝启动全国最大力度的"春风行动"计划。如新开外卖小店可享受一个月免息贷款。美团外卖专门推出小店"急速上线"通道,符合条件的商户只需3小时即可完成从申请到开店的流程,还有机会获得平台赠送的"流量红包"。

相比其他城市,"春风行动"重庆计划在渝覆盖的行业范围更广。美团更希望借助互联网技术与思维,助力重庆以小店为代表的小微企业实现数字化转型,打通吃、住、行、购物、娱乐之间的壁垒,与骑手、商家和用户共同塑造完善的生活服务数字化生态圈。

微信《码上经济"战疫"报告》数据显示,46.5%的中小企业在2020年追加数字化软硬件投入,通过线上化、全渠道化、私域化、数字化手段全面提升竞争力。

三、数字化赋能"陕货"出村进城

"春节期间,本是销售猕猴桃的黄金时期,但受疫情影响,出现了阶段性滞销，眼看着猕猴桃要烂在库里。"陕西省眉县猴娃桥果业专业合作社理事长朱继宏说，"幸亏省农业农村厅及时帮助我们向社会发布供应信息，对接电商平台，40 万斤徐香猕猴桃很快销售完毕，要不然我们合作社的损失就大了。"

2020 年 2 月以来，为应对新冠肺炎疫情对农产品造成的"卖难"问题，陕西省农业农村厅及时组织开展"阻击疫情，便民助农"行动，利用电商平台、网络营销渠道、物流等资源，打通制约生产消费的堵点和难点，采取"直播+电商+短视频"等方式加快农产品网络销售，在疫情防控期间，"菜篮子"产品稳产保供发挥了重要作用。

"在抗疫的'上半场'，直播、电商、短视频等网络平台帮助销售了大量陕西滞销农产品。在抗疫'下半场'，陕西继续推进'互联网+农产品'出村进城，为陕西农业进行数字化赋能，有力地推进了陕西'3+X'特色现代农业高质量发展。"陕西省农业农村厅副厅长王韬说。

（一）"直播+电商+短视频"，为农产品数字化赋能

每年正月初一到十五是白水苹果销售黄金期，但 2020 年受疫情影响，年初几乎没有出货，导致白水苹果积压严重，库存量达到 20 万吨，其中红富士苹果 12 万吨左右，其他品种 7 万吨左右，果农待售苹果超过 1 万吨，全县果品的销售压力非常大。

"2 月 9 日，我们协调让涉果企业优先复工，出台相关措施，助力苹果销售。"白水县苹果产业发展中心主任赵建信说，"我们还积极向省农业农村厅求助，争取对接全国各大电商平台。经过省厅协调，由陕西省果业中心等单位和西部网共同主办的'战疫情、保供应、促增收'助农销售系列活动决定启动助力白水苹果销售计划。"

"我们白水素有中国苹果之乡的美誉，目前白水苹果总面积 55 万亩，年产量 55 万吨左右，苹果系列产品远销东南亚、欧盟、南美洲多个国

家和地区,白水苹果品牌价值连续十多年进入全国前十。"在助农活动现场,白水县副县长秦奉举通过直播带货的形式推介白水苹果。5万、8万、12万、21万……看着直播页面上不断增长的观看人数和网友称赞白水苹果的留言,秦奉举热情地给网友们推销:"我们白水苹果,皮薄肉脆、汁多渣少、脆甜可口,大家下单不会有错,快来'买买买'。"

一边是热火朝天的直播,另一边是西域美农在陕西的600多个社群团购平台也同步开卖白水苹果。社群的分销成员纷纷将白水苹果的销售链接分享到微信朋友圈,掀起助销白水苹果、助力白水果农的热潮。此次活动帮助白水县销售苹果超过100吨。

"在疫情防控最严峻的阶段,随着'不见面'销售成为一种新业态,像白水县一样通过网络销售解决农产品'卖难'问题的做法在陕西各地快速展开,在'农田'与'餐桌'之间建立起了一条数字化通道。"陕西省农业农村厅市场信息处处长樊凌翰说。

(二)政媒企三方携手,提升产销全链条数字化水平

2020年春季,气温上升较快,陕西茶叶上市较往年提早了一周左右。但受新冠肺炎疫情影响,全国茶叶销售渠道整体不畅,陕西茶叶的销售压力也很大。

在陕西省农业农村厅的指导下,由陕西省园艺工作站、汉中市茶叶办、西乡县人民政府等策划的"战疫情、保供应、促增收"陕西助农销售系列活动走进汉中,通过"政府背书+媒体宣传+电商促销+直播助销"等方式,向全国消费者推介销售汉中仙毫,助力茶农增收。

与此同时,随着陕西茶叶大面积上市,陕西省农业农村厅举办首届网上茶博会,活动通过"全媒体报道+直播+短视频"方式,向全国消费者展示推介陕茶优良的生长环境和独特的品质,讲好陕茶故事,助力陕茶品牌提升和市场销售。本次茶博会以陕西农业品牌网为依托,常态化展

示展销陕西品牌茶产品,目前已经吸引了汉中、安康、商洛、西安、咸阳的40多家品牌茶企入驻,上线了陕西绿茶、红茶、茯茶、白茶等多个品类的100多个品牌产品,打造了一个永不落幕的茶博会。

"大家都知道汉中仙毫、安康富硒茶好,但是具体到哪家企业的茶叶好,消费者很难分清,我们就是帮助大家遴选优质品牌,让消费者可以放心下单,没有后顾之忧。"陕西农业品牌网负责人向丹表示,他们将会把好质量关,确保消费者能够在陕西农业品牌网上购买到品质有保障的陕西特色农产品。

据陕西省农产品质量安全中心主任程晓东介绍,首届陕西网上茶博会自4月22日启动以来,先后举办了陕茶代言人产地行、"陕味直播间"直播"带货"、最受欢迎茶叶企业评选、优质茶叶评审等系列活动,20多位省、市、县区各级领导,30多家茶企纷纷为陕茶宣传、代言、点赞,活动拍摄发布短视频300余条,各媒体平台发布稿件1400余篇,超4200万人次观看现场直播、直播"带货",微博话题浏览量超8000万人次,宣传报道累计浏览、观看量超过2亿人次,累计带动茶叶产品交易额超过200万元,有效提升了陕茶品牌知名度、产品影响力。

"首届陕西网上茶博会的成功举办,标志着陕西农产品营销模式新引擎的开启,活动期间,省、市、县三级农业农村部门和参展茶企大力配合,'我为陕茶代言点赞'、产地直播、网上'带货'、茶叶评优与网络投票等活动如火如荼,陕西茶叶区域公用品牌知名度和企业品牌影响力得到有效提升。"陕西省农业农村厅副厅长王韬说,下一步,陕西省农业农村厅将联合省商务厅、共青团陕西省委共同支持"品牌+电商"平台建设运营,打造永不落幕的茶博会,并将本次网上茶博会的成功经验复制到陕西农产品推广的各个领域。

(三)"陕货"走红网络,迎来品牌营销新契机

柞水木耳、阎良甜瓜、铜川樱桃……最近,很多网友发现陕西的特色

农产品有点火。不仅阿里巴巴启动了"陕货淘宝直播购物节",西安不少区县也针对各自的特色产品展开了直播。一时间,"陕货"名气大增。

陕西省是我国水果生产大省,果业是农民增收的重要产业。为拓展陕西水果网络销售渠道,在陕西省农业农村厅指导下,陕西省果业中心与京东、淘宝、快手、抖音、西域美农、西部网等共同发起陕西水果网络特色季系列活动。

据陕西省果业中心主任魏延安介绍,4—6月,集中开展陕西水果网络特色季·樱桃季活动;7—8月,集中开展陕西水果网络特色季·葡萄季活动;8—9月,集中开展陕西水果网络特色季·冬枣季活动;9—10月,集中开展陕西水果网络特色季·柑橘季活动;10月,集中开展陕西水果网络特色季·猕猴桃季活动和陕西水果网络特色季·苹果季活动。通过开展陕西水果网络特色季活动,进一步扩大陕西特色农产品的品牌影响力,持续推动网上销售。

电商平台销售数据显示,2019年陕西农产品网络零售额达到115.58亿元,同比增长24.17%。其中水果销量最大,达到57.5亿元,占到陕西省农产品网络零售额的一半。但与2019年全省836亿元的果业产值相比,陕西水果网络零售占比仅为6.9%,远低于网络零售在全国社会商品零售总额中20.7%的占比。

"如果陕西水果网销比例能达到全国平均水平,市场空间就可达到173亿元,潜力巨大。"魏延安表示,陕西水果正在迎来网络销售的新机遇,2020年陕西省果业部门除了组织好六大水果网络特色季活动外,还将实施"百千万"直播和网红培养计划,围绕国际、国内两个市场,突出多方合作、陕粤携手、东西协作,开展线上、线下协同推广,全力做好果品销售,助推全省果业提质增效。

现如今,在三秦大地,通过电商、直播、短视频等方式销售农产品已经成为一种常态。对农产品进行数字化赋能,为推动陕西"互联网+"

"3+X"特色农产品出村进城工程提供了有益尝试和成功探索,为决战决胜脱贫攻坚、乡村振兴和农民增收致富做出新的贡献。

四、赋能高质量发展,重庆的数字化

短短半个月时间,中央媒体连续"点赞",重庆数字经济发展成果再次引发聚焦。2020 年 6 月 29 日,《人民日报》深度解码重庆智能制造,认为智能化改造正成为重庆制造业跨越式发展的新路径;7 月 4 日,重庆数字经济在疫情之下逆势增长的成功经验,得到新华社的宣传推广。7 月 12 日晚,央视新闻联播以《重庆:数字经济为高质量发展赋能》为题,报道重庆加快培育数字经济新产业、新业态、新模式,推动经济高质量发展。

新闻联播走进上汽依维柯红岩商用车有限公司的车间,了解大数据如何指导生产。报道称:"全球疫情蔓延给传统制造业带来严重冲击。然而,重庆两江新区这家重型卡车生产企业的产品却在越南、柬埔寨等东南亚市场受到热捧。2020 年 1—6 月,企业销售额达到 90 多亿元,比去年同期高出两倍。"

事实上,上汽红岩作为我国重卡行业"元老级"厂商,此前已经多年连续亏损。近两年,该企业投入巨资研发应用智能化技术,接连推出市场热销产品,跻身国内重卡市场第一梯队。

政府引导帮扶传统企业向数字化转型,自然需要大量人才的培养和供给。新闻联播报道称:"迅猛发展的数字经济,也催生出越来越多的新岗位、新职业。在重庆最近一批公开发布的 3 万个招聘岗位中,电子商务、网络约车、直播带货、数字化管理等行业的招聘数量大幅提升,占到了总数的 60%。"

作为重庆数字经济的高地,重庆两江新区 2020 年 6 月举行了全球"云引才"首个专场活动,共吸引 551.7 万人在线观看直播,直播结束半

小时就收到了近 3 万份简历。而重庆汇博网的数据显示,2020 年重庆春季招聘中,数字经济相关产业表现亮眼,人工智能、数据库、系统集成等互联网战略新兴岗位对应届生的需求扩大。

数据显示,2020 年上半年,重庆数字经济产业增加值超过 2000 亿元,同比增加 24%,正在成为推动经济增长和社会发展的重要引擎。

7 月 4 日,新华社以《重庆:数字经济发展迈出"加速度"》报道了重庆一批新兴企业迅速崛起,形成驱动经济发展的有效动能。

例如,云从科技短短几年内成长为国内人工智能领域独角兽,并不断拓展人脸识别等 AI 技术的应用场景。不仅与民航机场合作,还为 400 多家银行强化了刷脸支付、精准营销、风险管理等功能,并助力教育、医疗等多个领域精细化运营。

除了数字经济企业外,近年来,重庆还崛起一批工业服务企业。新华社报道了重庆领工云电子商务有限公司旗下的工业电商平台,这个平台"致力于帮助国内工业企业在'一带一路'沿线国家匹配本地代理商和合作伙伴,企业用户足不出户就可高效完成跨境业务,该平台成立以来累计实现 8000 余万美元的撮合交易。"

事实上,重庆本土企业数字化进程加快,也引来了众多外来巨头抢滩重庆。近年来,腾讯、阿里巴巴、百度、科大讯飞、浪潮、小米等数字经济龙头企业纷纷布局重庆或加大在渝投入。例如,2019 年腾讯西南总部大厦正式投用,2020 年腾讯西部云计算数据中心二期项目正在建设当中。

重庆是中国重要的制造业基地,随着高质量发展的需求,制造业智能化改造迫在眉睫。《人民日报》对多家企业进行了调研,解密企业如何智能改造。

《人民日报》报道称:"除了企业的主动改造,重庆市也于去年启动了两轮针对智能制造的发展评估。企业自主申请后,政府聘请评估机构和专家,对企业进行现场全面评估。依据评估结果,专家组提出企业智能化改造方案,并出具统一格式的智能制造评估报告。根据报告,企业可自主选择智能制造服务商实施改造。"

　　正是得益于主动改造+第三方评估,重庆企业智能化进入了快车道。数据显示,2019 年,重庆实施智能化改造项目 1280 个,建成数字化车间和智能工厂 140 个,工业技改投资占工业投资比重达到 39%。2020 年,重庆还将深入推进智能制造,再实施 1250 个智能化改造项目,建设 110个数字化车间和智能工厂,用大数据智能化为制造业赋能。

第四节　城乡商业企业互联网化的实践创新

　　在经济全球化背景下,扩大内需是我国经济实现良性发展的必要条件。城乡商业企业作为城乡经济一体化的连接枢纽,是统一生产与消费、优化资源配置的重要媒介,在促进生产、引导消费、推动经济发展等方面发挥着重要作用。但是,近几年流通成本不断上升,流通企业运营面临较大压力,发展速度逐渐放缓。2019 年 6 月,广州举办了"AI 助力消费升级——2019 未来商业发展高峰论坛",对人工智能时代零售流通业与消费升级的解困之道进行了探讨,而价值链优化正是有效降低流通成本、提升效率的途径。同时,受到互联网技术影响,城乡商业企业逐渐开始向互联网化转型。

一、基于全价值链的城乡商业企业运营模式

全价值链是指在对产业价值链上各产生价值活动环节进行综合考量的基础上,贯穿于产业价值链价值创造与增值全过程的集合体。全价值链互联网化是指在价值链各个环节中嵌入互联网技术,整合优化价值链流程,延伸创新价值链内容。在运营过程中,流通企业通过实现产品使用价值,为生产环节正常运行提供有力保障,进而实现再生产。以流通企业为例,流通企业全价值链由三部分组成:

(一)流通企业横向价值链

在横向价值链中,主要讨论流通职能相似的流通企业间竞争关系与合作关系。具体而言,在横向价值链中,流通企业之间也会共享资源,达成合作关系,实现企业间价值链优化的目的。一方面,流通企业间通过相互合作形成合作联盟,有利于企业摆脱自身发展限制,增加竞争优势;另一方面,具有异质性的流通企业进行合作,有助于提升横向价值链各环节竞争力,促进资源有效配置,提高横向价值链整体运作效率。在竞争关系中,流通企业间进行专业化分工,独立完成企业生产运营与流通;在合作关系中,流通企业通过相互合作,弥补自身不足,发挥各自竞争优势,可提升价值链整体竞争优势。

(二)流通企业纵向价值链

纵向价值链主要是指从生产制造到产品流通,最后到消费者环节的价值链。在经济全球化背景下,流通企业纵向价值链主要包括两种价值链条:一是"制造企业—流通企业—消费者"的正向产品流通链条;二是"消费者—流通企业—制造企业"的产品信息反馈链条。在产品流通价值链条中,制造企业通过产品创新满足消费需求,经由流通企业将产品送达消费者手中;在信息反馈链条中,消费者不断产生个性化消费需求,

经流通企业将信息传递到制造企业,推动产品创新。由消费需求逆向拉动产品生产,可进一步实现消费需求、产品生产与产品流通的统一。

(三)流通企业内部价值链

内部价值链是流通企业全价值链的起点,是指企业内部各环节构成的价值链条,并不涉及企业外部价值链。流通企业内部价值链的形成,主要是其作为中间环节,实现产品从制造企业到消费者的流通,创造有效流通价值的过程。流通企业内部价值创造主要包括有形价值即物质层面价值创造与无形价值即服务层面价值创造两部分。相对来说,流通企业无形价值创造大于有形价值创造,主要体现在"转移产品"、满足消费需求方面,具体可归纳为购买、运输、存储与销售四个环节。

二、城乡商业企业新型运营模式构建

随着互联网经济迅猛发展,传统城乡商业企业运营模式已进入瓶颈期,而在全价值链背景下,城乡商业企业可通过现实空间与网络空间不断交融,实现线下与线上渠道业务整合运营,城乡商业企业在此背景下逐步开始探索商业模式转型路径,而借助当前互联网化发展优势,构建企业互联网化运营模式,是城乡商业企业关注的重点。吴金明、邵昶在分析全价值链形成机制时提出"4+4+4"模型,指出在全价值链背景下互联网发展模式形成过程,实质是价值链完善过程,而价值链完善是"无形之手"与"有形之手""握手"的过程。其中,"无形之手"是全产业链内部机制融合,包括企业价值链、企业链、供需链与空间链四个维度;"有形之手"则是以企业链为载体,向内外部释放出的"市场结构与行业间的调控""内部调控""宏观调控"三方面调控信号,城乡商业企业在内外模式融合化发展时,会自动将产业链划分为纵向一体化式、混合式、市场交易式与准市场式产业链。不同产业链之间协调配合,借助于互联网工具与信息,对接内容越多,企业内部调节要素配合越默契,整体运行结构越合理。

相较于企业间关系,城乡商业企业依托于互联网发展,更加注重企业与消费者之间的联系,且在互联网背景下城乡商业企业价值链发展逐步向价值网靠拢。基于全价值链的流通企业互联网化运营,将企业发展分为内外两大模式。企业内模式遵循企业运营规律,实现企业价值链、空间链、企业链与供需链层次对接。城乡商业企业价值外模式,通过连接所有参与主体形成一种有机、交叉与流动的价值创造体系;从企业互联网化运营理论来看,创建互联网化运营模式,将企业运营无限趋于零,即性能属性零周期、成本结构零利率与组织形式零冗合。企业互联网化得益于互联网的完备,促使原本消费者价值链由单一接收者转变为参与者,这意味着产业聚集供应商、竞争商与合作商,并以战略联盟形式实现内外资源共享与价值共创的互联网化发展逻辑。在分工深化的条件下,创新构建城乡商业企业互联网化运营模式,将处于全价值链上相对固化的个体相结合,链上所有利益主体均以消费者需求为核心;换言之,城乡商业企业各组织与环节以整体最大化为基本原则,进行互动、协调与衔接,并且整个过程不断强化消费者核心理念,不仅关注成员利益,更关注节点联系,这有利于突破环节壁垒,实现价值最大化。

基于全价值链的城乡商业企业互联网化运营新型模式,相较于传统模式具有消费者价值核心化、合作关系系统化、"三流"最优配置化、应用信息技术数字化等属性。同时,结合全价值链互联网化发展内在逻辑,探究出城乡商业企业互联网化运营模式具有以下特征:

第一,消费者价值为基本服务准则。在创新模式中,城乡商业企业包括"宽泛化"产品联盟与附加产品以及相应产品服务,全方位为消费者提供有形与无形产品。首先,产品具有一定感知效能。消费者从有形与无形产品中产生情感价值,获得实用、知识与社会价值。其次,产品能产生属性效能,可以实物形式呈现。消费者通过实际感知获取功能、质量与服务价值,且流通企业产品之间具有一定联系性,本身具备一定感知效能,可延伸出更多附加价值。此外,在创新模式中,消费者反馈具有累加功能,以价值放大化形式推动企业创新发展。

第二,资源共享为关键价值整合。城乡商业企业属于综合性领域,核心要素是处于供需链的消费者需求。在全价值链背景下,企业互联网化运营模式将企业集群节点分为三种类型,分别是以社会或地理为基础的邻近关系、以价值链为主导的竞合关系、以供应链为主导的共享关系。在这三种节点中,产品供应是企业运行的关键,而互联网作为新模式的核心要素能够将三个环节相关联,且互联网的强关联度可促使流通企业内外部复杂资源整合,发挥"资源外溢"效应,提高创新价值,重塑企业异质性竞争优势。

第三,竞合关系为基本联盟战略。互联网时代,企业身份不再单一,企业与资源的结合越发多元。同属性企业在新模式中既可以作为协作者,也可以通过联盟或者竞争关系激活市场。互联网平台为企业提供有效协作方式,促使成员间通过竞合联盟不断创造全新价值。

第四,核心优势为打造协同发展。在城乡商业企业互联网化运营模式中,企业通过专业化操作与服务,提供给消费者更多选择,不断充盈整个产业链。借助于新模式,企业不仅可明确当前全价值网络中各成员的核心能力,找到自身优势,进一步储备用于全价值链升级的技术与资本。同时,企业还可明确未来核心能力培育方向,进行长远战略布局,集中发展核心业务,将非核心与不具备优势的业务剥离,采用外包形式补充价值网,促使企业蓄力核心要素,将综合价值最大化。

第七章　数字信息时代下城乡商业企业发展方向与指引

第一节　"双循环"背景下城乡商业企业发展的必然之路

2020年5月14日,中央政治局常委会会议提出"构建国内国际双循环相互促进的新发展格局",强调要"深化供给侧结构性改革,充分发挥我国超大规模市场优势和内需潜力",同时"更好地利用国内国际技术、人才、管理等各方面资源,全面提升国际竞争力"。2020年7月21日,习近平总书记在企业家座谈会上强调,要逐步形成"国内大循环为主体、国内国际双循环相互促进的新发展格局",明确要"通过繁荣国内经济、畅通国内大循环为我国经济发展增添动力",但"绝不是关起门来封闭运行,而是通过发挥内需潜力,使国内市场和国际市场更好地联通,更好地利用国际国内两个市场、两种资源,实现更加强劲可持续的发展"。2020年7月30日,中央政治局会议再一次对以国内大循环为主的"双循环"新发展格局做出阐述。

"双循环"并非简单地指经济运行的资金流、信息流和技术流的方向,而是包含更为深层次、动态性、系统化的内涵。以"国内大循环"为主意味着要转变"国际大循环"战略下形成的外向型经济发展模式,从供给、需求两端构建双循环的抓手,发展和完善国内市场,提高经济发展质量。而"国内国际双循环相互促进"则表明"对外开放"仍是长期坚持的发展战略,要通过更加深入地参与国际分工、积极拓展国际市场,并主动引领国际经贸规则和全球价值链重构,构建"国内国际双循环相互促进"的新发展格局。"双循环"从空间格局上超越了"供给侧结构性改革"的国内出发点和国内视角,从时间格局上突破了"短期维度"而从"中长期维度"重塑经济发展格局。这一背景下,"双循环"将同时影响经济发展供给和需求两侧,贯穿生产、分配、消费、流通各个环节,重构区域分工和发展模式,并由此对区域发展格局产生深层次影响。城乡商业企业担负着国内大循环的重任,是国内大循环生产、分配、消费、流通诸环节的有机承载体。因此,立足"双循环"新发展格局是城乡商业企业发展的题中要义,也是今后一个相当阶段的必然选择。

一、"双循环"区域经济发展的新格局

经济步入"新常态"后,中国经济增速放缓,区域经济发展呈现出新特点。在经济增长速度、发展方式、发展格局等方面存在明显区域异质性,例如:增速换挡,但不同区域增速有别;经济增长模式在转型,但比较优势有别;经济增长动力在改变,但能量级别有别。2017年党的十九大

报告明确指出,"中国特色社会主义进入新时代,我国社会主要矛盾已经转化为人民日益增长的美好生活需要和不平衡不充分的发展之间的矛盾",强调重点之一就是"实施区域协调发展战略",这意味着区域发展格局将发生根本变化。在"十四五"开局之年,国际与国内环境发生深刻变化,供给侧与需求侧结构持续调整,形成"以国内大循环为主体,国内国际双循环相互促进"的新发展格局,既是中国积极的发展战略也是顺应时代的必然选择。新形势下,"以国内大循环为主体"要求首先"集中力量办好自己的事",因此中国将更加关注当前中国社会的主要矛盾,破解中国经济发展的瓶颈。以此为背景,区域经济发展战略、资源配置、政策导向将产生重要转变,以实现区域"均衡发展"和"高质量发展"为目标,形成"双循环"区域发展新格局。

(一)区域平衡发展新格局

改革开放前,中国呈现"区域平衡发展"格局,沿海和内陆两大经济带各自发展,"三线建设"促使内陆重点城市重工业快速崛起,极大地缩小了与沿海的发展差距。改革开放后,在"东部地区优先发展战略"和"对外开放政策"下,东部地区率先发展,对外经济快速繁荣,依托承接发达国家制造业产业转移创造的就业岗位和发展机遇,实现了制造业产值和区域生产总值的迅速增长。同时,利用"后发优势",完成技术引进并实现劳动生产率不断提高,通过将具有比较优势的产业逐步发展成具有竞争优势的产业,东部地区逐步在区域经济发展中确立领先地位。伴随外商直接投资的大量涌入和出口贸易的进一步发展,东部地区与中西部地区的差距逐步拉开,中国呈现"区域非均衡梯度发展"格局。"梯度开发战略"本质就是非均衡的区域发展思路,这一阶段中部和西部地区虽然受益于东部地区开放和发展的正向扩散和溢出效应,经济发展速度仍与东部沿海地区迅速拉开距离。"西部大开发""振兴东部老工业基地"

"中部地区崛起"战略及相关配套规划密集出台,在一定程度上缓解了中西部地区发展过程中面临的瓶颈,支援了中西部地区发展,但并未从实质上逆转区域不平衡的发展格局。随着经济进一步发展,"实现区域协调发展"作为党的十六届三中全会"五个统筹"之一被提出,显示出打破地域局限、促进区域平衡发展的政策导向,但事实上各生产要素仍持续向东部地区集聚,区域发展差距仍然持续扩大。

区域发展失衡是社会主要矛盾的空间维度反映,严重影响着中国经济发展的平衡性、协调性与可持续性。而区域发展格局往往存在倒"U"形规律,在人均 GDP 处于 1 万美元左右时可以到达拐点,逐步呈现出地区发展差距缩小的趋势,这不只是世界各国区域发展演变的规律,也是政策着力点出现转变的时机。2019 年全年中国国内生产总值达 990865 亿元,人均 GDP 达到 10276 美元,意味着经济发展进入拐点区间,迈入区域发展差距逐步缩小的新轨道。尽管受疫情影响,全球经济增长受到冲击,但中国经济整体向好的趋势不会改变,区域平衡发展新格局将逐步形成。"双循环"下,产业转移政策重点将从"国际产业转移"转向"国内产业转移",以充分利用中西部地区劳动力禀赋优势等,给予中西部发展的新机遇。同时,"国际产业转移"也将从重视增量向提高质量转变,吸引更优质的外商直接投资,并且更加关注中国对外直接投资的布局和发展。"一带一路"倡议覆盖中西部诸多重点省份和中心城市,且这些城市与"一带一路"国家经济合作互补性较强,有利于迅速提升中西部地区贸易投资自由化便利化水平、营商环境和经济合作,促进"双循环"区域平衡发展新格局的形成。

(二)区域高质量发展新格局

改革开放以来中国经济高速增长,经济总量持续增加至稳居世界第二位。伴随工业化和城市化进程,各地区三次产业规模扩大、产值增加,人均 GDP 亦不断提高,区域经济发展取得长足进步。然而,长期形成的"粗放型"经济增长方式下各地区长期高投入、高消耗导致资源环境承载能力承压,可持续发展能力受限,依靠生产要素大规模投入、出口和投资粗放式拉动的增长空间受到制约。当前,中国经济呈现"新常态"特点,经济增长速度转为中高速增长,增长动力转向创新驱动,经济结构不断优化升级,进入高质量发展时代。高质量发展与高速增长阶段的区别在于,不再局限于追求增长的数量和速度,而是转向经济效益、社会效益和生态效益结合的综合目标。这也意味着区域经济发展将摆脱单一的"GDP 锦标赛"模式,在与区域功能导向相适应的基础上,转向根据资源环境承载能力、发展基础和未来潜力,能够发挥区域比较优势的可持续发展方式。

当前阶段中国经济高质量发展也存在明显区域差异,整体来说呈现由东部向中西部,由沿海向内陆经济发展质量递减的特点。具体来说,北京、上海等"超一线"城市以及天津、广东、江苏、浙江等沿海省市在高质量发展的供给、需求、发展效率、经济运行和对外开放等方面表现可圈可点且较为均衡,湖南、安徽、河南等中部省市以及四川、陕西等少数西部省市在高质量发展综合水平处于中游的同时分维度存在较为明显的短板,其他中部省市及绝大部分西部省市则在综合和分维度方面均表现较弱。"双循环"下,经济运行向"以国内大循环为主体"转变,为了充分发挥区域禀赋优势提高供给能力,创新链和产业链将根据各区域比较优势调整和优化,区域发展短板将伴随国内价值链延伸得以弥补,区域发展质量将进一步提升。此外,在"一带一路"倡议下中国将迎接新的发展机遇,通过协调"国际国内大循环",充分打开国际市场、释放国内市场需求。2018 年 8 月 27 日,习近平总书记在"一带一路"建设工作五周年座谈会明确指出,"一带一路"将推动我国开放空间从沿海、沿江向内陆、沿边延伸,形成陆海内外联动、东西双向互济的开放新格局。伴随"供给侧结构性改革"深入推进,体制机制改革稳步向前,"国内国际双循环相互促进"将使区域在供给能力持续提高的同时,不断释放需求潜力,兼顾国内和国际两大市场,实现区域高质量发展和经济更高水平均衡。

(三)区域城市群一体化发展新格局

近年来,围绕产业链和价值链的产业结构转型升级逐步推进,区域合作不断深入,区域一体化进程加快。首都经济圈、环渤海经济圈、东海经济圈、南海经济圈、长江中上游经济带,以及黄河中游经济带的空间格局逐步形成,并覆盖从东北向西南的全部沿海地区和部分内陆地区。"核心经济圈"的形成极大程度地促进了区域经济发展,并逐步形成以城市群为核心的经济格局。据统计,2019年中国前十二大城市群覆盖157个地级以上城市,占全国国土总面积的19.57%,GDP占全国的比重从2006年的70.56%上升至2015年的82.03%,年均增长超过1个百分点。产业转移将进一步以"国内大循环"为核心,沿城市群实现布局优化和政策调整,城市群的发展将起到辐射带动整个区域发展的作用,形成新的经济增长极。城市群一体化将逐步缓解和消除限制人口、资本流动的诸多体制机制阻碍,使生产、分配、流通和消费环节更加畅通。城市群作为承载区域发展的空间形式,围绕创新链提升产业链,围绕产业链优化创新链,区域逐步形成以城市群为核心的"双循环"区域发展新格局。

以长三角城市群、京津冀城市群为代表,城市群内大城市和特大城市经济实力迅速提升并带动卫星城市的快速发展。而伴随"大关中经济带"以及"黄河流域生态保护和高质量发展"被提到新的高度,中西部地区迎来依托全国区域经济战略格局中的新定位实现经济转型与发展的新契机。例如,"大关中经济带"以西安、天水、三门峡、运城为核心,覆盖陕西、甘肃、河南、陕西四省,可以打破行政区划限制以实现区域合作发展。而以兰州和西宁为中心的"兰西城市群"、以郑州为中心带动的"中原城市群"、以济南和青岛为中心的"山东半岛城市群"等也将承担不同的战略任务并为黄河流域经济发展注入新动力。"双循环"将紧密区域联系、实现精细化分工,在强调优势互补和高质量发展的基础上充分带动周边城市发展和城市群一体化。同时,"畅通国内循环"将促使经济以城市群为核心呈现网络化特征,而伴随区域内经济特区、综合配套改革试验区到自由贸易试验区的设立,区域也将从单一经济开发功能逐步拓展为复合、动态、多元化的城市群一体化发展新格局。

二、供给侧结构性改革仍将是"十四五"期间发展主线

2015 年 11 月,习近平总书记在中央财经领导小组会议上首次提出了供给侧结构性改革。以制度创新的改革方式突破体制性障碍,矫正扭曲,让市场在配置资源过程中发挥决定性的作用,释放活力、激发潜力,建立现代市场经济体系,实现经济动力从要素驱动向创新驱动转变,给供给结构跃迁提供足够的动力,促进供给结构升级并在新的发展阶段上实现供求结构均衡的高质量发展。推进供给侧结构性改革,实现经济体制与经济结构的双重变迁,是适应中国进入中等收入阶段之后经济社会的主要变化,以及国际金融危机时期全球经济新态势的主动选择,是中国当前和今后一个较长时期经济发展的主线,是中国经济发展大逻辑的历史必然。

"十三五"时期的供给侧结构性改革主要聚焦于"三去一降一补",基本上是以行政方式推进的,虽然卓有成效,推出了"放管服"、优化营商环境、减税降费等一系列文件,但制度创新和制度变迁意义上的改革步子并不大。这在一定程度上说明现阶段触及制度层面的改革难度较大。在低收入阶段,改革尚在浅水区,可以"摸着石头过河",几乎所有阶层、所有行业的人都希望改革,几乎所有人都会在改革中获益,改革是一个帕累托改善过程,因此,低收入阶段的改革很容易凝聚共识,有困难也能

够齐心协力想办法解决。但是,到了中等收入阶段以后,改革进入了深水区,一方面,改革的愿望不如低收入阶段那么强烈;另一方面,新的改革要调整前期改革后形成的各种利益格局,会遇到一定的阻力,不容易达成改革共识。

为推进深水区的改革,2019 年以来,中央先后出台了一些非常重要的文件。2019 年 10 月,中共十九届四中全会提出国家治理体系和治理能力现代化,这实际上是政府行政体制改革的体现,是制度变迁的总动员。国内新冠肺炎疫情缓解之后,中央于 2020 年 4 月提出构建更加完善的要素市场化配置体制机制,于 2020 年 5 月提出要加快完善社会主义市场经济体制。这说明中国的深水区改革正在朝制度创新与制度变迁方向推进,以制度变迁推进经济结构变迁,以解决经济结构失衡问题,解决中等收入阶段经济社会的基本矛盾。

如果说,"十三五"期间供给侧结构性改革最主要的工作、最重要的成果是去除低效或无效的供给,那么,在"十四五"的五年,供给侧结构性改革的工作重点或最重要的任务应该是增加有效供给,着力解决不平衡不充分的发展问题,以满足人们不断增长的美好生活需要。

从现实来看,中国似乎不缺需求,也不缺高质量的需求。从居民消费来看,中国有 14 亿人,消费规模很大,随着消费结构升级,个性化、品质化需求不断提高,并且人口老龄化增加了医疗、健康、养老等服务业需求。从政府需求来看,政府一直在投资基础设施建设,原来是"铁公机",现在再加"新基建",政府支出不断增加。至于企业需求,说到底是中间需求、派生性需求。只要消费需求和政府需求不断扩张,企业的需求就会旺盛。就国外的需求而言,2001 年 11 月中国加入世界贸易组织(WTO)之后,中国经济深深地嵌入全球经济体系之中:从产业链来看,中国是"世界工厂";从供应链来看,中国处于全球中心。2001—2007 年(即 2008 年金融危机之前)中国出口年均增长 20.9%,GDP 年均增长

10.7%。2007 年,出口占 GDP 的比重达 38.6%,这说明国外需求对中国这段时期的发展至关重要。但 2008 年遇到波折,全球发生金融危机,国内外经济受挫,国外需求受到冲击。2017 年,特朗普当选美国总统后中美经贸关系恶化。2018 年,中美产生贸易摩擦,美国通过关税、投资、技术打压中国。

2019 年 12 月,新冠肺炎疫情发生之前,中央经济工作会议对国内经济形势进行了研判。会议认为,中国正处在转变发展方式、优化经济结构、转换增长动力的攻关期,结构性、体制性、周期性问题相互交织,"三期叠加"影响持续深化,经济下行压力加大;世界经济增长持续放缓,仍处在国际金融危机后的深度调整期,世界大变局加速演变的特征更趋明显,全球动荡源和风险点显著增多。会议强调,坚持稳中求进工作总基调,坚持新发展理念,坚持以供给侧结构性改革为主线,坚持以改革开放为动力,推动高质量发展。

这样看,尽管国内经济下行压力加大,世界经济增长持续放缓,但还构不成长期性的需求约束问题。供给侧结构性改革一如既往地专注于结构性、体制性问题,把周期性经济波动问题交给货币政策和财政政策进行逆周期调节。

2020 年 1 月,新冠肺炎疫情突如其来。为了抗击疫情,强有力的社交管控限制了要素流动、压抑了需求,给中国经济带来了巨大的冲击。3月以后,国内疫情防控形势持续向好,但疫情在世界范围内蔓延,外需萎缩、全球产业链中断给中国经济带来了二次冲击。新冠肺炎疫情对供给和需求两侧都有冲击,第一波冲击影响最深的是供给侧,但持续时间不长,第二波冲击中需求侧影响更深,持续时间更长。2020 年 3 月美股大幅下跌,四次触发熔断机制,4 月 20 日国际原油期货结算价历史上首次跌至负值,说明全球经济活动陷于停滞,需求下降。国内复工复产、复市复商,中央推出"六稳""六保"政策,但需求全面复苏还有待时日。全球疫情使世界各国意识到产业链、供应链的稳定性和安全性极端重要,开始有意识地收缩产业链、供应链。比新冠肺炎疫情冲击更深的是美国对中国的打压进一步升级,从双边贸易扩展到国际投资,从技术领域上升到意识形态领域,特朗普政府操纵的美国在世界上掀起了全球化退潮的逆流。二者交织在一起,将使全球经济格局发生较大的变化。因此,从供给的视角看,中国遇到的国外需求冲击不仅仅是短期的不确定性问题,而在很大程度上将是长期性的问题。

供给侧结构性改革作为中国经济在一个较长时期的发展主线,它是由中国经济社会的基本矛盾、中国经济发展新阶段面临的基本问题和基本任务决定的,它内生于中国经济实践发展的基本逻辑,不可偏离。当然,在新的历史条件下,供给侧结构性改革面临新的挑战,必须兼顾需求侧长期性的约束问题,要在供给侧结构性改革中拓展需求空间,为自身开辟道路。这是这条发展主线在"十四五"时期与"十三五"时期最关键的区别。

首先,保持开放的定力。开放是人类实践发展的必然。中国实践已经证明开放能够促进经济发展、增加民众福祉。在认识上,对外要反对单边主义和保护主义,对内要警惕民族主义和民粹主义。要以更高水平、更新形式、更多路径的开放,突破美国势力的封锁,加快形成以国内大循环为主体、国内国际双循环相互促进的新发展格局。具体而言,要改变对外经济政策倾向,从鼓励出口转为高质量发展;扩大高质量的进口,可以促进国内技术创新和节约资源,推动资源再配置,进而推动产业结构升级,这与高质量发展需求和供给侧结构性改革要求相匹配;注重规则等制度性开放,降低制度性交易成本和准入成本;适应产业链、供应链区域化发展趋势,开拓多形式的区域合作,坚持"一带一路"、亚投行等区域合作;扩大开放不局限于关税减让等传统方式,可以采用自贸区、产业园区共建、产能合作、基础设施建设等新型合作方式。中国经济开放的发展方向是,应该努力促成更加包容的全球治理、更加有效的多边机制、更加积极的区域合作。

其次,激活改革的动力。供给侧结构性改革,顾名思义,是以改革为动力、以改革撬动经济结构变迁。所以,关键点在于制度创新与制度变迁的改革,让市场在配置资源过程中发挥决定性的作用,这是新时代经济社会主要矛盾的客观要求,是内生于中等收入阶段经济发展的大逻辑。"去产能""去杠杆"或许可以用行政性手段较快地完成某种指标,但是,用行政手段"降成本"效果并不是太好,"补短板"特别是补创新短板就不是行政手段能够实现的。"十三五"时期的供给侧结构性改革的成效主要是去除低效或无效供给,在一定程度上矫正资源错配,在实践中较多的是用行政手段去实现的。"十四五"时期供给侧结构性改革的工作重点是增加有效供给,不是行政手段就能完成的,必须真正在"改革"二字上下功夫,让市场去激发经济主体的创新潜能,让市场配置资源。2019 年 10 月,党的十九届四中全会提出推进国家治理体系和治理能力现代化;2020 年 4 月,《中共中央国务院关于构建更加完善的要素市场化配置体制机制的意见》发布;2020 年 5 月,《中共中央国务院关于新时代加快完善社会主义市场经济体制的意见》发布。这些都是非常英明的决策。在"十四五"时期的实践中,要像抓脱贫攻坚、落实金山银山发展理念那样,扎实推进制度创新与制度变迁。深水区的改革,应该有深水区的胆识、智慧和力量。

最后,坚持供给侧结构性改革这条发展主线的韧劲,并以新的智慧和力量应对供给侧结构性改革面临的新挑战。一方面,在供给侧结构性改革中培育市场需求。第一,在推动国家治理体系和治理能力现代化进程中,以有利于市场制度建设为基本导向,让市场发挥配置资源的决定性作用。第二,要矫正扭曲,降低交易成本,促进资源流动配置,确保最有生产率的企业在市场竞争中取得优势。第三,要增强供应链自主性。

中国区域经济发展不均衡,可以把国内大循环的建构与新时期的西部大开发结合起来,使西部成为国内国际双循环相互促进的支点和枢纽,形成新的发展格局。第四,要进行产业升级。变革创新体系,将技术创新的方向更多指向产业自身,从制度上抑制那些非实质性的创新泡沫;激励市场拓展型技术创新,通过解决低收入阶层的就业问题拓展新需求;改造传统产业,通过互联网、物联网促进大小企业互联互通,催生新业态。第五,发展教育特别是职业教育和企业内培训,为产业升级培育人力资本,以满足产业结构升级对人力资本的需求。另一方面,完善宏观调控跨周期设计和调节,在提振需求时要着眼长期的供给侧结构性改革。在居民消费方面,要创造就业,完善社会保障体系,改善收入分配,培养中产阶级,扩大居民需求,减少供给侧结构性改革面对的需求约束。在政府需求方面,注重新基建的同时,也不忽视老基建。改革农村土地制度,使农民流动起来,启动农民安居工程,推动城乡一体化和新型城市化建设。在企业需求方面,改善营商环境,降低实体经济的融资成本,坚决不给僵尸企业输血。同时,应以服务实体经济的成效而不是利润增长为标准考核金融机构,以激励金融服务实体经济。

2020 年 7 月 30 日,中央政治局会议指出,当前经济形势仍然复杂严峻,不稳定性、不确定性较大;中国遇到的很多问题是中长期的,必须从持久战的角度加以认识。"十四五"的五年,将是世界经济、全球治理变局的五年,也是中国经济变革的五年。但能够确定的是,将供给侧结构性改革这条发展主线穿进不确定性的五年变革之中,并拓展需求,就能够为新时代的发展开辟道路。

三、"双循环"区域发展新格局下的城乡商业企业发展策略

区域发展格局是综合的、复杂的和动态的,其本身包含着空间规划、功能分工、协调治理的多层次系统。区域发展格局的形成与区域自然地

理条件、资源禀赋特征、劳动力地域分工、经济产业结构的路径依赖等密切相关,区域发展战略关系着工业化进程、反映着城镇化建设的发展。因此,构建"双循环"区域发展新格局应全局地、系统地、开放地对区域发展进行指导,畅通和优化生产、分配、流通、消费各环节。

(一)生产环节

形成"双循环"区域发展新格局的前提是能够生产出与需求相匹配的"供给",这意味着必须充分基于当前区域禀赋条件、潜在比较优势等布局国内供应链和产业链。首先,应坚持创新驱动,为科技活动提供良好的土壤,以提高自主创新能力。具体来说,要完善知识产权保护制度,提高社会舆论共识,形成政府社会合力,同时充分激发创新主体的主观能动性,发挥企业家精神,并提高科研院所效率进而推动产学研结合,使区域自主创新能力和科技转化效率得以提高。在此基础上,要特别关注与供应链安全密切相关的领域,提高"国内大循环"稳定性,确保供给环节的顺畅。其次,要围绕创新链布局产业链,延伸和延长国内价值链,并继续坚定推进去产能、去库存、去杠杆、降成本、补短板五大任务。应牢牢把握以服务需求为导向提高制造能力,实现供给与需求的匹配。再次,要统筹国内产业转移和国际产业转移,充分挖掘区域发展潜力和禀赋优势,兼顾国内市场需求和国际市场需求,避免政策盲目干预和区域重复建设。根据各区域发展阶段和禀赋条件,通过合理引导产业在区域间有序转移实现增长动能转换,形成协调发展的新局面,构建合理的区域发展新格局。最后,要完善金融结构,优化产业政策,提高政府效率,优化基础设施建设,使之有效服务实体经济,降低区域内企业投融资成本和运营成本,优化对外投资结构和外商直接投资质量,促进区域生产能力和效率的提升。

(二)分配环节

分配环节作为沟通供求的关键,一旦受阻会对畅通"双循环"产生突出影响。"不平衡、不充分"是当前区域发展面对的基本矛盾,与区域发展战略变化的历史根源密切相关,也对未来深化工业化进程,实现新型城镇化及构建区域发展新格局产生重要影响。对于中央政府来说,要在初次分配环节关注效率与公平,在再分配环节、三次分配环节关注公平和正义。坚持按劳分配的基本原则,保护劳动所得,增加劳动者的劳动报酬,完善相关财税制度以促进收入分配公平。此外,通过深化户籍制度改革,逐步破解城乡二元结构导致的收入不平等、分配不平等、机会不平等问题。同时,健全可持续的多层次社会保障体系,缩小收入分配差距,完善再分配调节机制。这不但关系着劳动者基本权益的保障,也与劳动者生产效率的提高和消费能力的提高密切相关。对于地方政府而言,要改变"GDP 锦标赛"模式下利用财政分权实现地方政府利益的行为,将目标转向高质量发展,避免因恶性财税竞争吸引外资导致的均衡税率降低,避免一味追求经济增长对社会保障支出的挤出。优化政府效率和治理能力,发展慈善等社会公益事业,提高区域养老、医疗等民生领域的服务能力,为构建"双循环"区域发展新格局疏通经络。

(三)流通环节

从生产要素的流通看,首先要破除体制机制障碍,降低生产要素流通成本。例如,完善户籍制度以实现人口自由流动和人力资源的有效配置;完善土地交易和流转制度使土地效率得以提升;完善金融市场功能以实现资本市场有效流动。逐步实现生产要素结构、分布与区域发展特点、格局相适应的空间均衡和功能稳态。城市群是地理相近、资源共享、功能互补的城市集群,而非仅仅依靠规模经济形成的功能单一的城市集群。因此,城市群内部单元具有不同的空间单元和不同的功能分工,只有在"和而不同"的前提下实现良性互动和动态协调,才能推动城市群的协调发展,促进"双循环"城市群一体化发展格局的形成。要引导生产要素顺应城市群发展趋势,在向中心城市集聚的过程中得当配置,使生产要素沿经济带自然呈现中心城市集聚向卫星城市扩散的地理分布特征的同时,实现禀赋优势与城市群功能定位相一致的分工格局。从产品的流通看,首先,应加强基础设施建设,建设信息化平台,降低全社会物流成本,提高产品流通效率,以畅通"双循环"流通环节。其次,应健全市场监管,打破行政壁垒,改革垄断部门,破除影响中间产品、最终产品流通的体制机制障碍。最后,应积极推进标准化体系建设,并主动接轨国际通行标准和规范,实现"国际循环"和"国内循环"的畅通和"双循环"区域发展新格局的形成。

(四)消费环节

从国家整体层面考虑,应采取更加有效的政策扶持措施扩大关键领域的规模,通过财政补贴等方式引导关键领域消费以发挥关键领域对整体消费的带动作用,使消费水平尽快从新冠肺炎疫情的影响中恢复。同时,推动数字化建设,培育"互联网+消费"新产业、新业态、新商业模式,进一步提高服务业水平,使消费便利性和整个消费链条的运行效率得以提高。此外,积极把握"一带一路"倡议和 RCEP 签署的历史契机,主动地、高水平地融入全球价值链,拓宽全球消费市场,更好地支撑"以国内大循环为主体、国内国际双循环相互促进"的新发展格局。从区域层面来看,首先,应使用发放消费券等多种形式充分调动消费者消费意愿,提高区域消费水平。其次,发展区域优势消费领域,通过打造"区域消费名片"提高区域消费吸引力,并引导区域内传统企业线上线下融合发展,提高消费便利性,释放消费潜力。最后,提高区域消费服务质量,完善消费者维权渠道,强化市场监管,切实保护消费者合法权益,提高满意度以消除消费环节存在的负面因素,提高整个"双循环"消费链条的畅通性,形成良好的正向反馈机制,更好地构建"双循环"区域发展新格局。

第二节　城乡商业企业数字化转型的下一步

一、开放和连接

个性化消费需求和数字信息时代的来临,更要我们探求一种符合中国国情的城乡商业企业经营模式,什么是好的经营模式呢? 我把它归结为"1+5"的盈利模式,通过数字化转型,目的必须要赚钱,一个好的商业模式首先是盈利的,怎么样去盈利呢? 要有一个核心,以消费群体,以供应商群体为核心,而电子商务、网上交易、电子支付、物流配送等,都要以这个为核心。

以5G、人工智能为代表的新一代数字技术,将会如何影响我们? 新冠肺炎疫情期间,不少城乡商业企业系统不能通过移动互联网进行访问,数据之间也不能连接,不能互通。可以看到,传统的企业数字化架构与思维模式是数字化转型最大的挑战。传统的架构本质是"烟囱式"架构:即条块分割,很多孤岛各自为政,系统"大、笨、重"。虽然也有数据,但数据都在每个分割的条块里,在"数据壶"里倒不出来。过去的思路,通常是管控而非赋能,占有而非连接。而今天是一个连接比占有更重要的时代。唯有开放和连接理念下的数字化转型,才能铸就新的商业形态。

一般来说,数字化转型,对于城乡商业企业可以有三种模式借鉴:第一种模式是重构客户关系,让客户参与到价值创造的过程中,参与到企业的研发、生产中;第二种模式是重构合作伙伴关系;第三种模式是重构企业边界,例如蓬勃涌起的区域生态集群。

对于城乡商业企业来说,数字化转型中需要注意新基建的战略与内涵,以及新基建在产业转型中的战略地位。当前新基建正如火如荼地展开,在新基建中,新一代信息基础设施是主要支柱,包括 5G 物联网、工业互联网等。今天谈产业互联网,其核心是云服务,在云服务里面最基础的是 PaaS 层。

就产业互联网组成而言,首先要有工业互联网平台,也要有一个企业内网,还需要和外网关联起来,边缘计算也是很重要的一环,更重要的是要有各种各样的工控软件。很多传统企业的 ERP 是在一个表上表现,但是在生产过程中总会有一些不确定性因素,希望 ERP 不仅仅跟物联网的数据关联,还可以和 5G、大数据、区块链、云计算等关联起来。

当然,产业互联网不仅仅需要新生技术,还需要有制造技术的支撑,包括传感器、接收器、POC、MES 制造系统、ERP 等。

过去生产资料是土地、是资本、是货币,现在最新的生产资料是什么呢? 是数据。数据正在成为 21 世纪最重要的生产资料,而人类也将开启一个数据大发现时代。在 5G 时代,甚至连动植物都可以被连接起来,是真正的万物互联时代。

所以对于城乡商业企业经营模式的创新转变:一是转意识,数字化转型不只是 CIO 或 CTO 的事,而是一把手牵头,去考虑企业的未来;二转技术,没有最好的技术,只有更合适企业的技术;三是转文化,所有企业都认识到做中台很重要,但是多数人只愿意做前台,因为前台有显性价值;四是转方法,如果管理方法不到位,会把数字化转型揉碎;五是转模式,如何评估未来发展和现有系统,转变运营模式。

对于城乡商业企业经营模式的数字化转型可以借鉴华为的方式:一

是服务好用户和客户;二是服务好业务的作战场景;三是建立一个好的企业中台平台。做好数字化转型,需要企业具备"三心",即有战略决心、信心和恒心。顶层设计虽然很重要,但是行动力同样重要。

传统企业的数字化转型,难点是设备和资产自下而上的数字化感知和连接,重点是公司围绕客户服务、生产运营、内部管理、生态模式的数字化孪生应用。所以大型多元化企业的数字化转型,一定不是自己单打独斗,而是和外部技术公司的深度合作,尤其是在全球新冠肺炎疫情形势下,企业如何走出危机,实现数字化的成功转型是一个重要的课题。总的来说,首先要培养城乡商业企业的"组织韧性",这些持续增长的公司往往具有"组织韧性"。什么是组织韧性?即在危机中组织资源、流程和关系,帮助企业在危机当中快速复原,推动企业在逆境当中持续增长的能力。可以说,当一个企业拥有的"组织韧性"越强,越有助于企业快速从危机中复原并获得持续增长。反之,如果一个企业的"组织韧性"越脆弱,就会导致其在危机中越陷越深,最终被危机吞噬。

二、数字技术应用加速商业模式创新

突如其来的新冠肺炎疫情不可避免地给经济带来了不确定性。为应对疫情影响,各行各业加大了大数据、人工智能、区块链、云计算、物联网等数字技术的应用,积极拓展线上渠道,开发线上替代方案,推动应用场景与商业模式不断创新。

不可否认,2020年新冠肺炎疫情给我国经济、社会带来了挑战和压力,但也创造了重大发展机遇,围绕云计算、大数据、区块链、人工智能等新一代信息技术研发与应用进行能力布局的企业,会在疫情结束之后获得比较好的发展机遇。

(一)线上线下融合更加紧密

"疫情的影响使得线上消费总量大幅扩张,线上线下融合将更加紧密。"新冠肺炎疫情发生后,AI、VR、大数据、云计算、物联网等新一代信息技术的有效运用,推动相当一部分行业在疫情期间出现了逆势增长。

网络购物、网络游戏、在线教育、直播购物等在线交换的商业活动流量增长;生鲜电商、社区电商、直供电商、冷链物流市场需求增加;远程办公、分布协作、网络社群更加活跃,轻量化视频会议工具、在线办公软件等产品迎来增长契机。

长远来看,新冠肺炎疫情带来的消费模式变化将对细分市场产生积极影响,长尾效应将进一步显现。

(二)城乡商业企业数字化转型需求加大

受新冠肺炎疫情影响,部分企业在复工复产的进度上有所放缓,但这也在一定程度上刺激了企业数字化转型的需求,为信息技术服务业带来较大的增长空间。

疫情前后,领先的制造企业将依托数字化平台,打通设计、生产、物流、运维、金融等产业链环节,紧密连接配套企业和用户,以增强产业链协同,强化生态控制;设备制造商将更加重视在线监测、远程维护等网络化服务,并通过能源合同管理、金融租赁等形式加快服务化转型,从而给传感设备、数据交换设施、工业控制软件、可视化分析工具等带来增长空间;另外,中小企业将追求轻量化,减少经营成本,企业的数字化运维以及法务、财务、知识产权等辅助性业务外包空间更大,企业云化趋势更强,数据中台、云服务以及各种在线专业化服务会迎来机遇。

随着疫情防控形势向好以及全面复工复产的推进,多数企业将在规模扩张与质量提升间寻求新的平衡,重新审视在线能力的重要性,数字化转型需求更加迫切。

(三)公共服务将更加智能化

在抗击疫情期间,信息技术在疫情监测、病毒溯源、辅助诊断、防控救治、资源调配、风险预警、社区管理、民生保障、复工复产以及科学决策等各环节得到充分运用,展现出不小的作用。

疫情的防控加速了信息技术在社会治理、应急响应等公共服务方面的应用。精准的社会治理需要全面采集人、事、物状态信息,也正因如此,数据采集、传感设备、计算机视觉、语音识别等技术和产品的需求增加,物联网、云计算、边缘计算市场将出现新的增长。此外,随着公共服务的智能化推进,多部门多层级数据实现安全可信交换,区块链、智能合约以及数据挖掘、分析、处理的市场将出现增长。

人工智能可以广泛用于处理复杂问题、预判潜在风险、实现辅助决策,疫情后,基于部门及行业特征的监测分析软件、预测预警模型、可视化决策场景、智能决策系统应有新的发展机会。

在疫情防控中获得了爆发式发展的数字经济,在短期内发挥了强悍的经济"补位"支撑作用,并将推动经济高质量发展。

三、开展数字乡村试点,补齐信息化短板提升治理水平

数字乡村既是乡村振兴的战略方向,也是建设数字中国的重要内容。2020 年 7 月 18 日,中央网信办、农业农村部、国家发展改革委、工业和信息化部、科技部、市场监管总局、国务院扶贫办七部门联合印发《关于开展国家数字乡村试点工作的通知》(以下简称《通知》),部署开展国家数字乡村试点工作。《通知》要求,探索乡村数字治理新模式。促进信息化与乡村治理深度融合,补齐乡村治理的信息化短板,提升乡村治理智能化、精细化、专业化水平。提升疫情监测分析预警水平,提高突发公共事件应急处置能力。探索"互联网+党建"、智慧党建等新模式,探索建设"网上党支部""网上村(居)民委员会",健全党组织领导的自治、法治、德治相结合的乡村治理体系。推动"互联网+政务服务"向乡村延伸

覆盖,推进涉农服务事项在线办理,促进网上办、指尖办、马上办,提升人民群众满意度。

《通知》明确,到 2021 年底,试点地区数字乡村建设取得明显成效,城乡数字鸿沟明显缩小,乡村数字经济快速发展,农业生产智能化、经营网络化水平大幅提高,依托互联网开展的农村创业创新蓬勃发展,乡村数字治理体系基本完善,乡村公共服务体系基本建立,乡村网络文化繁荣发展。通过试点地区在整体规划设计、制度机制创新、技术融合应用、发展环境营造等方面形成一批可复制、可推广的做法经验,为全面推进数字乡村发展奠定良好基础。

《通知》要求,坚持问题导向,深化改革创新,紧紧围绕农民最关心最直接最现实的问题,加大改革力度,加快制度、机制、模式和技术创新,着力解决整体设计缺失、资源统筹不足、基础设施薄弱等问题,打通信息壁垒,推进集约共享,释放数字红利,同步做好网络安全工作,不断增强广大农民的获得感、幸福感、安全感。坚持因地制宜,注重分类指导,试点地区结合本地实际和资源禀赋,积极探索集聚提升类、城郊融合类、特色保护类、搬迁撤并类等不同类型乡村的数字化转型路径和发展模式,明确目标,细化任务,完善措施,精准施策,持续提升数字乡村发展水平。

《通知》指出,试点内容主要包括完善乡村新一代信息基础设施、探索乡村数字经济新业态、探索乡村数字治理新模式等七方面。加强基础设施共建共享,打造集约高效、绿色智能、安全适用的乡村信息基础设施。加快农村光纤宽带、移动互联网、数字电视网和下一代互联网发展,提升 4G 网络覆盖水平,探索 5G、人工智能、物联网等新型基础设施建设和应用。加快推动农村水利、公路、电力、冷链物流、农业生产加工等传统基础设施的数字化、智能化转型,推进智慧水利、智慧交通、智能电网、智慧农业、智慧物流建设。

四、数字化实现城乡商贸统筹发展

（一）以数字化为基础，构筑城乡一体化市场体系推动城乡商贸共同发展

1.完善体制，激活机制

消除妨碍城乡商贸统筹发展的体制性障碍，建立资源在城乡之间合理配置的市场体系。加强城乡商贸统筹政策协调，在城乡之间建立起均衡增长的良性互动机制，推动城乡市场主体之间联合、重组和经营网络的跨地区、跨城乡延伸，构建城乡一体化的商品流通组织体系与网络体系，推动城乡一体化市场体系发展。

2.建立健全城乡一体化要素市场体系

打通城乡生产要素合理流动的市场渠道，促进农村的劳动力、土地等生产要素和城市的人才、资本和技术等生产要素双向流动和有效组合，提高资源要素的市场化程度，为商品市场的发展创造必要的体制条件。

3.建立健全城乡一体化商品市场体系

统筹城乡交通、通信等区域性基础设施规划和建设，加快城乡交通网络建设；高起点建设信息化平台，加强农村信息基础设施建设，建成城乡普遍覆盖的信息网络，加快推进农村商务信息服务站试点，延伸公共信息服务到基层；促进市政基础设施向农村地区延伸，实现城乡共建共享。统筹城乡商贸流通基础设施建设，将城市商业中心与周围乡镇商业作为一个整体，统一规划，在商场、市场及物流园区建设上，统筹布局，推进城乡商品市场一体化进程。

（二）用数字信息推动城乡商贸流通产业，加强城市和农村商贸层级传递与支撑功能

坚持大、中、小城市和小城镇商业协调发展的思想，重庆加快主城特

大城市、区域性中心城市、中小城市和小城镇四级商业中心建设。注重培育大城市和中等城市商贸流通产业集聚,做优主城特大城市商贸流通产业。围绕中央商务区、大型商圈、大型批发市场群和会展业,重点发展现代都市商业,提升城区商贸流通产业能级与辐射能力;做大做强万州、涪陵、黔江、永川、江津、合川六个区域性中心城市商业,建成区域性商贸流通次级核心和传递枢纽;做活中小城市商贸流通产业,加快区县中心商圈建设与商业发展,带动中小城市发展;大力发展小城镇商贸流通产业,尤其要加强中心镇乡镇商业发展,突出功能特色,以贸促工、以贸带农,增强对非农人口的吸纳能力,有效拓展城乡商贸流通产业发展空间。

(三)加强农村市场体系数字化建设,促进城乡资源合理配置

加强农村市场体系建设。充分发挥"三商带三农"作用,以商品带农村、以商人带农民、以商业带农业,推进城乡商贸统筹发展。逐步形成以乡村零售网点为基础,以大中型批发市场和连锁配送中心为骨干,以各类农村流通合作经济组织和大中型农村流通企业为主体,农产品、消费品和农业生产资料市场均衡发展,城乡市场相互融合、内外贸易紧密联系,法制健全、布局合理、服务规范、组织化程度较高的农村市场体系,初步建立适应社会主义新农村发展的农村商品流通体制。

1. 积极培育农村市场主体,增强流通企业活力

鼓励和支持农民进入农村流通领域,积极支持农村经纪人队伍和各类流通中介组织的发展。拟建设 1000 个农产品流通合作经济组织,重点支持 20 个管理规范、服务功能完善、经济效益较好的流通合作经济组织发展,培育十大农产品流通企业,发展一大批运销大户,建立一支农村经纪人队伍。鼓励具有竞争优势的农产品流通企业通过参股、控股、承包、兼并、收购、托管和特许经营等方式,实现规模扩张。

2. 建立和改造农村消费品流通体系

加强农村消费品网络建设。加快形成农村居民日常生活服务的零

售网络终端,搭建"农家店"收购农副产品、推动农副产品创自有品牌、进超市的综合服务平台。引导各类大中型流通企业利用品牌、配送、管理、货源、信息、技术等优势,通过投资或加盟连锁的方式建立或改造农村消费品零售网络,利用供销合作社在农村点多面广的优势,充分发挥其连锁配送网络在农村市场中的作用。

3. 构建顺畅的农产品流通体系

加强农产品批发市场建设。科学规划城乡之间、产销地之间农产品批发市场布局,重点支持永川、潼南、荣昌等具有农产品产地优势、传统集散地优势的区县,高起点建设一批特色突出、辐射面广、能与国内外市场接轨的区域性农产品批发市场、农产品贸易中心,提高农业市场化程度。重点建设 10 家符合国际标准、面向国内外市场、现代化的大型农产品批发市场,完善和拓展农产品批发市场的服务功能,积极推行农产品拍卖制、远程交易、网上交易、集中配售、连锁经营等新型交易及经营方式。鼓励农产品批发市场向上下游延伸经营链条,通过建立农产品基地、发展订单农业、建设农产品采购和物流中心等方式,建立起农产品进入城市市场的快捷流通渠道。

4. 积极发展农产品零售市场

启动"农商对接"行动计划,探索和推广"超市+基地""超市+农村流通合作经济组织""超市+批发市场""超市+社会化物流中心"等方式。鼓励条件较好的连锁超市发展直接从产地采购农产品的进货模式,与农产品生产基地建立长期的产销联盟。努力提高连锁超市、便利店、大型综合超市等新型零售业态中农产品的经营规模。大力发展农产品物流。加快现有农产品物流企业改造升级,推动其向专业化、规模化方向发展。建设农产品冷链系统,初步建立起统一高效的鲜活农产品运输绿色通道,努力改善农产品物流环境。

5. 完善农业生产资料流通体系

积极发展农资连锁经营,建立以集中采购、统一配送为核心的新型营销体系。放开农资市场准入条件,鼓励各类投资主体进入农业生产资料流通领域。建立和完善农业生产资料服务体系。鼓励农资流通企业将农资销售与服务紧密结合起来,开展配送、加工、采购服务和技术服务及农机具租赁等多样化服务,促进农业生产。

(四)借助数字化加快乡镇商业发展,推进城乡一体化进程

因地制宜发展各类综合性和专业性商品批发市场,为农村腹地的农副产品进入市场体系创造条件,形成发展现代农业的市场支撑体系,大力发展乡镇生活服务业,创造小城镇宜居环境,充分发挥小城镇尤其是中心镇高度集聚人口、承接产业转移、服务农村、促进县域经济发展的重要作用,使小城镇成为连接城乡空间的纽带和城乡资源要素传递流动的平台,在统筹城乡中,发挥重要节点功能,成为缓解大城市压力的"蓄水池"。

(五)以产业联动延伸商贸流通数字化产业链,增加转移就业容量

以市场需求为导向,大力兴办市场、发展生产、生活服务业,延长商贸流通产业链。扶持商贸流通龙头企业向农业领域渗透,通过入股、订单生产、自建等多种方式,结合农业产业化百万工程,建立产销联盟或产销一体化的商贸流通企业生产加工基地。重点培育石柱辣椒、江津花椒、涪陵榨菜等种植养殖、加工基地。形成"市场连基地、基地带产业、产业兴市场"的贸工农一体化良性经济循环模式。依托产业园区、物流园区,大力培育专业市场、产业园区和物流业联动发展的产业集群。如以璧山西部鞋材交易中心为龙头,建设西部最大的鞋材和鞋产品专业市场,建设璧山、铜梁鞋业基地,打造中国西部鞋都。充分发挥荣昌畜牧科

技优势,以荣昌西部饲料兽药市场为龙头,依托板桥工业园区打造畜牧优势产业链,带动畜牧产业联动发展。商旅文结合,发展各具特色的农家游、乡村游、风情游,积极鼓励都市圈商贸流通企业面向市内外"走出去""走下去",开拓新市场。

(六)利用数字经济的大数据、区块链等技术的优势,协调城乡"四流",统筹发展,促成城乡商贸流通一体化

1.优化城乡商流一体化建设

城乡商流一体化是实现城乡商品双向互动的过程。在数字经济背景下,优化城乡商流体系、加快城乡商流一体化进程,首先,要对城乡商贸进行统筹规划,利用人工智能、云计算等技术对城乡流通企业、农产品市场统一管理和统筹决策,确保农产品和工业品进行高效、跨地域的流通。其次,创建多种流通业态模式。乡村现有的小型杂货店、定期集市和流动商贩等业态已经不能满足城乡商流一体化发展的要求,应利用数字技术促进城乡商业模式不断创新,推动农村传统商业模式发生质的转变,突破传统商业空间的局限。最后,要提高农民收入,提高农民收入是完善城乡商贸互通的关键因素。在数字经济时代背景下,乡镇商业企业可以借助电商优势,拓宽农业产出的销售范围;还可以运用区块链技术发展订单农业、特色农业,再结合区域土地资源优势,打造地域品牌,提高农产品利润率。

2.优化城乡物流一体化发展

在数字经济时代背景下,应充分利用区块链、云计算等数字技术,实现仓储、物流的高效配合,优化城乡物流一体化发展。第一,利用数字技术,对城乡道路网络做好布局规划,对城乡物流体系统筹安排,改变城乡物流资源的分散化、小众化,制订一套完整的城乡共同配送的服务体系,解决城乡运输资源与城乡仓储、库存设施不匹配等问题,提高城乡物流配送规模化水平,解决乡村运输的问题,努力满足消费群体的需要,提升物流配送的效率,并保障服务质量。第二,利用大数据、人工智能等技术,对城乡物流对接模式进行创新,采用科学的管理方式,不断完善物流对接模式,将物流公司与农产品生产主体和工业品加工企业紧密地整合在一起,建立城乡直销对接制度,让产品从源头运输到终端,减少库存,提高农村物流公司的工作效率。

3. 优化城乡信息流一体化建设

在数字经济时代背景下,信息互通是城乡商品双向流动的必要保障。第一,政府应利用数字技术,融合生产、购销等数据,建立全面科学的农产品信息平台,保证农产品信息传递过程中的时效性和准确度,以便各相关主体快速获取正确信息。如建立农村产品供求上报体系。农民在播种后及时上报自己的种植品种和数量,政府观测气象灾害的状况,确保农民有个好收成。在农民收获农产品后,政府利用云计算、大数据等技术在农产品出售之前就公布各类产品的信息,并且把农产品的出售状况、农产品的信息变化情况实时公布,保证产品信息的透明化,促进农产品流通。第二,加大财政资金投入,推进乡村互联网设备建设,构建完备的网络服务体系。同时运用网络对农民培训,提升其对农产品信息的认识程度,提高农民收集和利用信息的能力。

4. 优化城乡资金流一体化建设

在数字经济背景下,商贸交易更倾向于线上支付、信用支付等方式,优化城乡资金流运作方式,对实现我国城乡商贸一体化有着非常重要的意义。在数字经济时代下,应加强乡村金融服务体系建设,提倡为农村商贸企业和个人提供贷款,鼓励农村居民进行信用消费,提高我国农村居民对网上银行等网络支付的使用率,特别是电商产业不断壮大的今天,线上支付等资金流模式使得城乡之间资金流动效率更高,更有益于城乡商品流通发展。

（七）以"五双工程"为主要突破口，打造城乡商贸统筹发展的数字战略平台

1. 大力推进农村市场"双建工程"

围绕新农村建设，加快乡镇连锁经营超市和村社便民放心商店建设，搭建工副食品和农资下乡进村，农产品和废旧物资出村进城的双向流通平台，力争在 3～5 年基本形成以县城为重点、乡镇为骨干、村社为基础的商品零售网络。

2. 大力推进社区"双进工程"

积极支持和引导连锁经营企业运用连锁经营方式在社区设立各类便民、利民的商业网点，提供定向、快捷、周到的服务，满足社区居民多样化、个性化的需求。改造和建设不同类型商业社区商业设施，不断完善社区商业服务功能，为城乡居民创造良好安居条件。

3. 大力推进"双十工程"

在重点培育建设纳入全国"双百市场工程"的观音桥农产品批发市场、永川农副产品批发市场及商社集团新世纪百货公司、粮油集团公司的基础上，选择培育一批大型农产品批发市场和农产品流通企业，在资金和政策上予以支持，尽快形成一批带动力强的大型农产品流通主体，构建农产品现代流通体系，稳定市场供应，丰富"菜篮子"，助农增收。

4. 大力推进"双带工程"

依靠流通企业、餐饮企业和农产品市场，到农村建生产基地，办加工厂，带动农业产业化经营，促进农民增收致富，带动农产品流通，提高农产品附加价值。如重庆市商贸流通龙头企业重庆商社集团投资 10 亿元与北碚区政府在北碚静观、水土一带，合作开发万亩的"重庆市生态农业科技产业示范区"。示范区包括三个项目，一是"美丽乡村嘉年华"农业休闲观光旅游园；二是在建一个占地 2000 亩的西南农产品物流港，主要

把当地农副产品通过超市、商场销售网络卖到全国;三是山地农业科学城,以山地农业技术试验和新型农产品开发为核心,使之成为重庆市及外地农科院所提供新品开发实验的基地。

5.大力推进"双转工程"

充分发挥商贸流通产业吸纳就业能力强的优势,启动"农村商贸人才培训阳光工程",通过多形式、多行业、多层次的职业技能培训,将一大批农民培训转化为商人,将一大批农村劳动力转移到城市从商就业。城乡商贸统筹发展,任重而道远,非一日之功可蹴,必须大力改善营商环境,营造富有活力的体制机制环境。加大对商贸流通领域创业投资的支持力度,建立健全服务体系,完善融资担保、创业辅导、市场开拓、信息服务、中介服务等服务平台,鼓励城乡居民创业,营造良好的创业氛围与创业条件,为农村转移劳动力提供"草根创业"平台。千方百计提高农民消费水平,积极鼓励农民外出经商务工,增加非农收入,形成推动城乡市场共同发展的持续动力。

五、国家数字化八大举措,助力城乡商业企业模式创新发展

在 2020 年国民经济和社会发展计划中,排在常态化疫情防控和三大攻坚战之后的是一个重要的点——扩大内需,着力促进形成强大国内市场。数字化科技在消费领域可以发挥重要作用。

(一)为了强调"释放消费潜力",与数字化科技相关的关键点

培育壮大线上消费,推进互联网和各类消费业态深度融合。促进教育、医疗、养老、家政、文旅、体育等服务消费线上线下融合发展,进一步支持依托互联网的外卖配送、网约车等新业态。

扩大电商、快递进农村覆盖面,畅通工业品下乡、农产品进城渠道。对于电商行业来说,这意味着渠道下沉是一个重要趋势。

加速 5G 网络建设和场景应用,完善新型基础设施布局,推动超高清视频、虚拟现实等新兴消费。5G 网络本身是新基建的一部分,它可以促进投资,也可以拉动消费,对于消费者来说,关系最为密切的就是 5G 智能手机的进一步普及。

加大汽车、绿色智能家电等消费金融支持。鼓励有条件的地区实施家电以旧换新补贴政策。加大加快废旧家电回收体系建设。扩大智能产品、定制化产品和绿色产品供给,促进绿色消费发展。对于互联网金融、智能汽车、消费级物联网、家电智能化等方面来说,都是利好。

加强国家物流枢纽、国家骨干冷链物流基地和商品流通网络建设,推动冷链物流、智慧物流、国际物流、供应链发展。推进电子商务与快递物流协同发展。国家越来越重视物流的作用,而物流本身与电商之间就存在密切的共生关系,智慧物流是一个重要方向。

(二)抓住新基建,为经济结构转型做架构

在 2018 年 12 月中央经济工作会议上,新基建概念第一次被提出。与传统基础设施建设不同的是,新基建主要指发力于科技端的基础设施建设。在新冠肺炎疫情防控和复产复工的大背景下,为稳增长、稳就业,释放经济增长潜力,促进新产业新领域发展,提升长期竞争力,中共中央政治局常务委员会于 2020 年 3 月 4 日召开会议指出,要加快对新型基础设施建设的进度,主要包含 5G 基建、特高压、城际高速铁路和城际轨道交通、新能源汽车充电桩、大数据中心、人工智能、工业互联网七大领域。新基建项目与传统旧基建相比,"新"主要体现在以下九个方面:

1. 新思想

与传统的旧基建相比,以数字基础设施为核心的新基建具有独特的经济学特性,加快新基建,需要新思想、新理念。2020 年 4 月 20 日召开的国家发展改革委新闻发布会指出,新型基础设施是以新发展理念为引

领,以技术创新为驱动,以信息网络为基础,面向高质量发展需要,提供数字转型、智能升级、融合创新等服务的基础设施体系。

中国经济由高速增长阶段转向高质量发展新阶段,针对新基建应该坚持贯彻新的发展理念,抓住数字化发展先机,提升持久竞争力。应充分认识新基建是服务于国家长远发展和"两个强国"建设的战略需求,加快新基建,有助于加快新技术落地应用,让"孕育于数字"的新需求得到更大程度释放,让创新创业创造更加活跃,让高质量发展的步伐更加稳健。要牢固树立新发展理念尤其是创新发展理念,从战略高度认识新基建的必要性、紧迫性,主动作为、布局谋势。此外,还要认识到新基建积极效应的释放是长期积累积蓄的过程,需要着眼长远、谋长效。

2. 新科技

国家发展改革委明确了新基建的范围包括信息基础设施、融合基础设施、创新基础设施三个方面。这三个方面都与科技创新密切相关,具有鲜明的科技特征和科技导向,凸显了科技创新在新基建中的特殊使命和重要地位。未来全球经济发展的重心将围绕互联网、新能源等领域展开,数字经济优势将成为全球各国角力的关键,而以创新科技为核心的新基建,能够与数字化信息技术的开发和应用紧密结合,在高科技方面发力,从而支撑起数字经济的发展和国民经济全局。新基建中5G、人工智能、大数据中心、工业互联网等将会是未来布局的关键。

据电信部门统计,2020年我国5G基站建设58万个,5G应用广泛、上下游产业链丰富,5G建设直接被冠以经济发展的新动能。新冠肺炎疫情期间,5G在全国各地的智慧医疗、新闻媒体、智慧教育、工业互联网等多方面发挥了积极的作用。科技部于2020年3月9日公布,支持重庆、成都、西安、济南建设国家新一代人工智能创新发展试验区,人工智能也将重构生产与消费,成为区域发展的引领力量。大数据中心是数字经济重要的基础设施,近年来全国各地大数据中心建设布局已成普及之势,大数据产业链的建设能够为上游提供基础设施、为中游提供数据服务及解决方案、为下游提供数据应用和消费,从而促进产业的全面发展。工业互联网已成为智能制造行业的重要基础设施,对我国实施供给侧结构性改革、提升制造业效率起着重要作用,不仅能够打通制造业上下游的数据,使得不同行业间的沟通更加及时和准确,还能够通过工业互联网平台有效帮助制造业降低研发设计、生产规划、需求对接、资源配置、产业整合等成本。

3. 新模式

新基建所依赖的主导技术和商业模式是全新的。交通、能源、信息等传统基础设施建设的主导技术路线已经确立,基础设施产业的商业模式比较简单清晰,总体上基于传统的"管道型"商业模式,在技术和经济上都具有较高的独立性;5G、人工智能、工业互联网、车联网等新基建产业的商业模式平台化、产业组织生态化的特征突出,各个产业内部需形成统一的技术标准和技术接口,各个产业自身的技术要达到足够的成熟度和应用性,同时各行业之间的技术经济模式又具有高度的协同性。

以新一代信息技术和数字技术为基础的新基建的主导企业和主导商业模式发生了较大变化。在线上教育领域,依托 5G、AI、大数据、超高清视频等技术,催生出 5G+高清远程互动教学、沉浸式教学、远程督导、智能安防监控等新型应用模式,并在疫情期间得到推广;在智慧交通领域,基于 5G 的车路协同车联网大规模验证与应用的推进,车联网企业研发出服务于城际高铁和轨道交通、新能源汽车的车路协同服务模式,交通服务功能和交互能力得到拓展;在新能源充电桩领域,利用互联网技术创新开拓充电桩的线上服务及运营模式,将平台 App 和充电桩相连,为新能源车主提供一站式的云充电服务;在智能制造领域,工业协同制造平台的开发及应用,创造性地将 5G 技术与工业网络、工业软件、控制系统融合起来促进制造业数字化、网络化、智能化转型升级。

4. 新场景

新基建领域广、空间大,涉及通信、电力、交通、数字经济、医疗卫生、养老设施等多个行业,有些面向居民消费需求端,如充电桩和城际高铁;有些项目则用于中间层级,促进市场综合效率的提升,如大数据中心、5G、人工智能等。

新基建催生的新型应用场景在民生、城市治理和产业发展方面发挥着日益重要的作用。在民生方面,智慧医疗体系建设及场景创新快速推进,5G 技术在疫情预警、院前急救、远程实时会诊、远程手术、无线监护、移动查房等环节得到应用推广,协助医疗部门有效应对重大公共卫生突发事件;各景区运用 App、微信公众号等移动互联网方式,整合旅游产品信息,提升"智慧景区"服务水平,利用大数据、云计算、人工智能、VR 影像等新技术做在线体验和感受推广。在产业发展及城市治理方面,以装备制造、汽车、家电、电子信息等流程制造行业为重点,5G、工业互联网、人工智能等技术在无人工厂、无人生产线、无人车间的应用场景得到深度挖掘;人工智能技术在智能网联汽车、赛事直播、高清视频、在线办公等需要低时延、海量存储等设施支撑的新兴产业应用将得到推广。在此次抗击新冠肺炎疫情过程中,远程办公、智慧家居、线上娱乐、智能物流、无接触金融等新应用场景也发挥了巨大的作用。

5. 新速度

基建投资一直被视为稳增长的重要抓手,传统基建特别是水、电、路、气等领域经过多年发展,设施逐步完善,增速在逐年持续放缓。而与之相对的,人工智能、云计算、互联网等新兴技术的应用越来越广泛,新基建得到快速发展。当前新基建占总基建投资的比重预计在 10% ~ 15%,未来 3 ~ 5 年其占比有望进一步提升至 15% ~ 20%。

当前,我国许多城市正在大力推进城市轨道交通建设,存在较大需求缺口,与智慧交通建设相关的基础建设将驶入快车道。由于新兴产业的发展大量依赖于数据资源,因此大数据中心建设的需求依然强烈,而与其持续运营及网络安全升级相关的软硬件设备市场也有望持续扩张。工业互联网是智能制造发展的基础,根据赛迪智库数据显示,到 2025 年,我国基本建成覆盖各地区、各行业的工业互联网网络基础设施,新增投资规模将超 6500 亿元,工业互联网行业的发展也将增质提速。

6. 新机遇

经过技术基础的长期叠加和积累,全球经济发展经历了五次技术创新周期,每次创新都带来了新的行业发展机遇,我国积极推进的新基建建设,正是促进技术发展和孕育创新的最好时机。

新时代必然需要更快的网络、更低的延迟和更强大的数据运算,大力推进 5G、数据中心、工业互联网等领域新基建建设,将对我国未来的经济发展带来更强的长期边际贡献,给相关行业领域转型发展带来重要机遇。

按照工信部规划,我国工业互联网发展将按照"三步走"的战略推进,到 2025 年第一个规划期重点进行工业互联网基础设施和平台建设。工业互联网平台的建设对促进制造业提质增效和转型升级的作用愈加明显,重点行业的工业互联网平台及工业 App 应用培育也开始提速。传统产业向数字化、网络化、智能化升级的现实需求,促使人工智能产业快速渗透进入数字化车间、自动化生产线建设等领域,着力打造智能医疗、智能健康、智能旅游等智能服务产品,提升传统产业价值和服务水平。

7. 新动力

新基建作为发展"催化剂"正在逐渐显露头角,并将在稳增长、调结构、惠民生等方面发挥重要作用。随着新基建的全面实施,不仅兴起了新一轮投资和建设热潮(据不完全统计,截至 2020 年 3 月 5 日,24 个省区市公布了未来的重点项目投资规划,总投资额达 48.6 万亿元,其中 2020 年度计划投资总规模近 8 万亿元),还将成为促进众多行业进步的有力"推手"和"加速器"。

新基建会加速中国经济线上线下相结合的时代到来,不仅原生的数字化产业将得到更加蓬勃的发展,许多传统的服务业和制造业也将加快线上布局,中国的产业数字化水平和互联网技术水平也将进一步提升,实现整体经济运行信息传递更加透明、中间环节更加精简、资源组织方式更加高效,新基建真正成为支撑中国经济发展的新动力之一。

新基建泛在、高性能、低使用成本的新型基础设施将会极大降低新技术、新模式创新创业的门槛和技术难度,可以在短时间内激发大量的创新和就业机会。此外,通过与新经济发展模式相结合,还可以大幅增加新型基础设施的投资收益。

8.新消费

十年前我国经济以投资为主,而现在消费的占比已经超过60%,消费已经连续五年成为经济发展的第一动力。中国消费领域迎来了全新的机遇与挑战:消费主力军年轻化、消费场景多元化、线下模式不断向线上转型、消费理念全新升级。传统的旧基建主要用于满足人民的衣食住行,不能满足当下人民群众的多元化消费趋势;新基建与老基建相比,涉及的七大领域绝大部分与新消费有密切的联系。新基建系统工程的建设,必将带动新一轮消费升级,社会大众消费需求和消费水平也将得到大幅度提升。

由于新冠肺炎疫情影响,2020年1—2月,规模以上服务业企业营业收入下降12.2%,而互联网和相关服务、软件和信息技术服务业营业收入分别增长10.1%和0.7%,线上消费恢复快于线下。新场景新模式的涌现和加速,不仅激发了人民的消费潜力,更激发出了蓬勃的创新活力,为培育壮大新的增长点打开了广阔空间。此外,国家发展改革委等23个部委于3月联合印发《关于促进消费扩容提质加快形成强大国内市场的实施意见》,从市场供给、消费升级、消费网络、消费生态、消费能力、消费环境等六个方面给出促进消费扩容提质的 19 项举措。新消费带来新动能,在新消费强劲浪潮之下,用新消费来拉动新基建,用新基建来促进生产力和消费能力的提高,进而相互实现正向循环。

9. 新需求

传统基建对经济增长的边际效应日渐式微,尤其是近年来我国经济结构发生转型,人们生活方式和消费需求也发生了转变。新基建与高新技术发展紧密相连,是发展信息化、智能化、数字化的重要载体,也是创造与满足新需求的重要保障。随着人们需求水平的提升,需要新基建更具科技含量、更大程度地引领消费增长和适应数字经济发展。

新基建不同于老基建,从实际效应看,它既是基础设施,又是新兴产业,上游连接着巨大的投资与需求,下游与不断升级的强大消费市场密切关联。短期内,新基建相关项目投资将直接起到经济拉动作用,起到稳增长、稳就业的发展预期,释放潜在经济活力,相关产业链上下游将直接受到需求刺激,从而对冲今年新冠肺炎疫情对经济发展带来的负面影响。长远来看,新基建项目将进一步助力我国经济结构调整以及新旧动能转化。

针对新基建的高质量发展,主要体现在两个方面:一是创新发展,要进一步强化新型基础设施建设的规划指导,完善政策环境,创新相关体制机制,支持构建多元化的示范和应用场景,加强前瞻性、引导性的技术研发和创新,夯实发展基础。二是融合发展,就是要做好综合平衡和衔接协调,加强资源整合和共建共享,促进协同融合,提高资源要素配置效率。

(三)供给侧结构性改革

在拉动内需之外,《报告》强调,要深入推进供给侧结构性改革,稳定提升产业链供应链水平。大力振兴实体经济,持续提升产业基础能力和

产业链现代化水平。从科技的角度切入,主要体现在以下几点:

推动制造业高质量发展。加大制造业中长期贷款支持力度,重点支持高端装备制造、传统产业改造提升、电子信息制造等重点领域。实施制造业核心竞争力提升工程,完善技术改造服务体系。推动先进制造业和现代服务业融合发展,大力发展服务型制造。我们可以看到,制造业的转型发展,离不开科技的参与,尤其是在智能化改造方面,大有可为。

保产业链供应链稳定。着力完善和畅通物流运输网络,支持企业增加关键物料备货。深入实施工业互联网创新发展工程,打造工业互联网平台体系,强化工业互联网平台间标准对接。企业要增加对关键物料的备货,可能有对国际贸易供应链风险的考量。

(四)科技作为发展新动能

此前,在《报告》中,科技创新被视为社会经济发展的新动能,同时新兴产业壮大和传统产业升级,以及创业热潮,都是发展新动能的一部分。

在这份《报告》中,针对"着力培育壮大新动能",强调了不少要点:

(1)深入推进国家战略性新兴产业集群发展工程,加强创新和公共服务综合体建设。创新战略性新兴产业金融产品和服务供给。

(2)深入推进"上云用数赋智",实施数字化转型伙伴行动、中小企业数字化赋能专项行动和数字经济新业态培育行动,深入推进数字经济创新发展试验区建设,推动制造、商贸流通等经济社会重点领域数字化转型,发展数字商务,支撑建设数字供应链。深入实施国家大数据战略、"互联网+"行动,推动新型智慧城市建设,推进5G深度应用。

(3)加快智能制造、无人配送、在线消费、医疗健康、机器人等新兴产业发展。支持商业航天发展,延伸航天产业链条,扩展通信、导航、遥感等卫星应用。

(4)制定国家氢能产业发展战略规划。支持新能源汽车、储能产业发展,推动智能汽车创新发展战略实施。

我们可以看到,在科技创新方面,数字化转型、数字经济、大数据、智慧城市、5G、智能制造、商业航天、新能源等元素都成为关键词。

(五)数字经济发展的八大举措

在《报告》中,专门通过一个表格谈到了 2020 年发展数字经济的举措:

一是建立健全政策体系。编制《数字经济创新引领发展规划》。研究构建数字经济协同治理政策。

二是实体经济数字化融合。加快传统产业数字化转型,布局一批国家数字化转型促进中心,鼓励发展数字化转型共性支撑平台和行业"数据大脑",推进前沿信息技术集成创新和融合应用。

三是持续壮大数字产业。以数字核心突破为出发点,推进自主创新产品应用。鼓励平台经济、共享经济、"互联网+"等新模式新业态发展。

四是促进数据要素流通。实施数据要素市场培育行动,探索数据流通规则,深入推进政务数据共享开放,开展公共数据资源开发利用试点,建立政府和社会活动的大数据采集形成和共享融通机制。

五是推进数字政府建设。深化政务信息系统集约建设和整合共享。深入推进全国一体化政务服务平台和国家数据共享交换平台建设。

六是持续深化国际合作。深化数字丝绸之路"丝路电商"建设合作,在智慧城市、电子商务、数据跨境等方面推动国际对话和务实合作。

七是统筹推进试点示范。推进国家数字经济创新发展试验区建设。组织开展国家大数据综合试验区成效评估,加强检验复制推广。

八是发展新型基础设施。制定加快新型基础设施建设和发展的意见,实施全国一体化大数据中心建设重大工程,布局 10 个左右区域级数据中心集群和智能计算中心,推进身份认证。

在推进数字经济发展方面,《报告》实际上是提出了一个从政策到方案、从产业壮大到国际合作再到试点的系统工程,其中还着重强调了"数据作为生产要素"的重要性。另外,尤其值得关注的是,国家决定在2020年实施全国一体化大数据中心建设重大工程,布局10个左右区域级数据中心集群和智能计算中心,这是非常重大的关键性决策,为我国整个数字经济的发展奠定了重要设施基础,也是城乡商业企业经营模式创新发展的技术支撑。

(六)数字化转型:从局部性场景到革命性重构

企业数字化转型在不同行业发展程度不同,但在2020年,可以清晰地看到数字化转型正在加速发展,并从过去某个环节或某个场景的数字化日益发展为整个行业的整体性数字化。厚积薄发,经过一段时间的积累,数字化的全方位赋能已经全面展开,对很多行业而言,已经进入了革命性重塑的阶段。

在服务行业,例如生鲜行业的零售,数字化贯穿所有流程,生鲜物流不仅用信息化的手段实现高效配送,更通过数据流动,"链接"起一个个贴近用户的前置仓,"半小时配送"才成为可能。因为数字化,实物才能连起来、动起来。革命性重塑的还有数字教育、数字医疗、数字娱乐、数字金融、数字办公等数字化服务新业态新模式,从陌生到被市场熟悉,这些业态都在快速成长。

制造业也在进行革命性重塑,应对市场的快速变化,智能制造与柔性制造日益普及,制造业通过数字化手段不断迭代生产能力,快速调整应对市场复杂需求的供给能力。当消费者感慨于今天企业的生产效率、研发团队的"脑洞"时,背后是数据化实现了复杂供应链的整合。在服装行业人们能看到用户参与设计,先预售再批量的各种花式销售方式;在小家电行业,各种"颜值正义"的家电琳琅满目……越来越多的行业,企业切换生产模式的能力、小批量生产的组织能力迅速提升。

　　数据能更清晰地反映这一趋势。2020年前三季度,上海互联网信息服务业营业收入达到2667.1亿元,增长13%,位居全市各行业之首,已成为经济稳增长的"新引擎"。一批领军企业加速成长,并在部分细分领域全国领先,如上海企业已占据全国第三方支付60%市场份额、全国网络文学90%市场份额、全国网络游戏30%市场份额、全国本地生活服务70%市场份额。以上海为例,上海数字经济占GDP比重超过50%。从产业数字化进程看,上海建成了15个具有全国影响力的工业互联网平台,94家国家和市级智能工厂。

参考文献

[1] 陈华平. 商业模式创新:探索商业模式的未来之路[M]. 北京:人民邮电出版社,2015.

[2] 陈煜波. 大力发展数字经济[J]. 上海企业,2021(2):67.

[3] 陈国嘉. 互联网+:传统行业跨界融合与转型升级新模式[M]. 北京:人民邮电出版社,2015.

[4] 赓金洲,肖文. 服务业创新网络与技术创新网络间沟通渠道的理论构建[J]. 社会科学战线,2014(4):63-66.

[5] 胡大见. 大数据背景下企业营销管理创新探讨[J]. 现代营销,2020(12):70-71.

[6] 胡世良. 移动互联网商业模式创新与变革[M]. 北京:人民邮电出版社,2013.

[7] 纪良纲,王佳淏."互联网+"背景下城乡商贸流通一体化模式研究[J]. 经济与管理,2020,34(2):77-84.

[8] 贾全明. 城乡一体化改革与建设的实践创新[J]. 河南师范大学学报:哲学社会科学版,2012,39(2):119-122.

［9］井媛媛.商品和企业经营模式分析的构建与创新［J］.商场现代化,
　　2020(15):20-22.

［10］孔令明.全渠道视野下连锁企业经营模式创新研究:以食品连锁零
　　售企业为例［J］.商业经济研究,2018(7):97-100.

［11］雷玺.大数据时代的企业经营管理模式创新［J］.企业改革与管理,
　　2018(6):92-93.

［12］兰建平.数字改变世界　数字赋能未来［J］.浙江经济,2020
　　(12):17.

［13］李兰冰,刘秉镰."十四五"时期中国区域经济发展的重大问题展望
　　［J］.管理世界,2020,36(5):36-51,8.

［14］马莹.共享经济下新零售生态圈的创新之路［J］.人民论坛,2019
　　(4):94-95.

［15］马兆林.人工智能时代:一本书读懂区块链金融［M］.北京:人民邮
　　电出版社,2017.

［16］牛艳莉."互联网+"战略下城乡一体化商业模式的创新研究［J］.中
　　国经贸导刊,2017(8):29-31.

［17］潘卫东.创新驱动　打造数字融合经营新模式［J］.中国银行业,
　　2020(11):23-25,6.

［18］唐珮文."互联网+"视角下我国中小企业管理模式研究:挑战、变革
　　与创新［J］.时代金融,2017(8):189,191.

［19］王雯渤.基于大数据时代的企业经济管理创新思考［J］.现代商业,
　　2021(3):136-138.

［20］王磊,种墨天,谭清美."互联网+"驱动产业创新机制及商业模式研
　　究［J］.科技管理研究,2020(16):1-7.

［21］王伟.数字经济与传统商业融合的模式创新［J］.杭州电子科技大
　　学学报:社会科学版,2019,15(5):26-30.

[22] 王婉,蔡雯雯,李润芝.大数据时代企业组织创新影响因素研究:基于组合赋权法与 ISM 分析[J].管理现代化,2020,40(6):32-35.

[23] 魏际刚,温明月.新基建"新"在哪里?[J].青海科技,2020,27(3):25-28.

[24] 徐斌,王晓冬,林丽.大数据管理:企业转型升级与竞争力重塑之道[M].北京:人民邮电出版社,2016.

[25] 徐蒙.数字化转型与企业创新[J].企业经济,2020,39(12):54-60.

[26] 许小年.商业的本质和互联网[M].北京:机械工业出版社,2020.

[27] 熊艳平.基于电子商务的企业经营管理及其创新探究[J].商场现代化,2020(24):25-27.

[28] 杨光."双循环"背景下基于大数据的企业管理创新[J].数字通信世界,2021(1):34-36.

[29] 杨卓凡.我国产业数字化转型的模式、短板与对策[J].中国流通经济,2020,34(7):60-67.

[30] 苑辉.企业数字化转型迎来黄金发展期[J].上海企业,2021(2):6-9.

[31] 中国通信学会.抢抓数字经济发展和数字化转型机遇,加快推进信息通信科技创新:从 2020 年中国通信学会科学技术奖看信息通信科技发展趋势[J].电信科学,2021(1):1-7.

[32] 张秀玉.数字经济时代人力资源管理转型[J].知识经济,2019(13):104-105.

[33] 张建川.大数据时代下企业经营管理模式探究[J].中外企业家,2020(5):74.

[34] 张倩肖,李佳霖.新时期优化产业转移演化路径与构建双循环新发展格局:基于共建"一带一路"背景下产业共生视角的分析[J].西北大学学报:哲学社会科学版,2021,51(1):124-136.

[35] 周涛.大数据时代下企业经营管理模式创新思考[J].产业科技创新,2019(36):117-119.

[36] 周杰.流通企业互联网化发展的现实诉求与模式创新:基于全价值链视角[J].商业经济研究,2020(12):115-118.